W0377998

Walter M. Weiss

Lesereise Marokko

Walter M. Weiss

Lesereise Marokko

Im Labyrinth der Träume und Basare

Picus Verlag Wien

MIX
Papier aus verantwortungsvollen Quellen
FSC® C004378

Copyright © 2011 Picus Verlag Ges.m.b.H., Wien
Umfassend überarbeitete Neuausgabe 2019
Alle Rechte vorbehalten
Grafische Gestaltung: Dorothea Löcker, Wien
Umschlagabbildung:
© Jean-Pierre De Mann / www.buenosdias.at
Druck und Verarbeitung:
EuroPB, s.r.o., Tschechische Republik
ISBN 978-3-7117-1094-9

Informationen über das aktuelle Programm
des Picus Verlags und Veranstaltungen unter
www.picus.at

Inhalt

An der Tür zu Afrika

Wo Noah und Paul Bowles vor Anker gingen

Mythische Orte bedürfen offenbar mythischer Gründungsgeschichten. Am besten gleich mehrerer, um den sagenhaften Ruf gebührlich zu untermauern. Im Falle von Tanger machten die alten Griechen Antaios verantwortlich. Der riesenhafte Sohn von Poseidon und Gaia, der Erde, soll es gewesen sein, der in der amphitheatralischen Bucht an der nordwestlichen Spitze Afrikas eine erste Siedlung ins Leben rief und nach seiner Frau Tingis benannte. Eine andere Legende schreibt die Namensgebung Noah zu. Er habe, heißt es, als die Taube mit Lehm an den Krallen auf die Arche zurückkehrte und so von wieder aufgetauchtem Land kündete, »Tinga'a!« gerufen, »Erde ist gekommen!«. Und indirekt zumindest war auch Herakles an der Stadtentstehung beteiligt, indem er zu beiden Seiten des Meerestores seine zwei Säulen aufrichtete, die Gebirge Calpe und Abyle, heute Djebel Musa und Djebel Tarik alias Gibraltar, und so der späteren Siedlung ihren imposanten Landschaftsrahmen schuf.

Tatsache ist, dass Tanger, das einstige Tingis, der älteste ununterbrochen besiedelte Ort Marokkos ist – von Berbern, Phöniziern und Römern früh geprägt, von den Vandalen und Westgoten heimgesucht und Anfang des 8. Jahrhunderts von den Arabern erobert. Und dass es seither bis in die jüngste Vergangenheit Zankapfel diverser Großmächte war.

Wir sitzen auf der Terrasse des Café Hafa im Viertel Marshan, im Westen der Stadt. Zitronenbäumchen, Jasminsträucher, Bougainvilleen haben rund um uns das ganze Duftpolster eines mediterranen Frühlings ausgebreitet. Zikaden zirpen, Bienen summen. Auf dem wackeligen Tischchen vor uns verströmt ein Glas brühheißen Tees das unvergleichliche Aroma frischer Pfefferminzblätter. Uns zu Füßen liegt unverschämt prallblau und mit Schiffen gesprenkelt die Straße von Gibraltar. Ein idealer Ort, um unsere Ankunft zu begießen und zugleich über die Bedeutung und das merkwürdige Schicksal dieser Nahtstelle zwischen Kontinenten und Meeren zu räsonieren. Über den zum Islam konvertierten Berberführer Tariq Ibn Ziyad etwa, der 711 mit seinen Getreuen von hier nach Al-Andalus, wie die Araber Spanien nannten, übersetzte. Worauf es sieben Jahrhunderte lang, bis zum Abschluss der Reconquista, muslimisch blieb. Über Ibn Battuta, den Marco Polo des Orients, der, 1304 in Tanger geboren, von hier aufbrach, um nahezu die gesamte damals bekannte Welt von Samarkand bis Timbuktu zu bereisen, und Jahrzehnte später zum Sterben in die Heimatstadt zurückkehrte. Über Admiral Nelson, der 1805 in Sichtweite von hier, vor Kap Trafalgar südlich von Cádiz, die französisch-spanische Flotte versenkte und damit den Briten für lange Zeit erneut die Seeherrschaft sicherte. Oder über die Sehnsucht, die auch in unserem Jahrhundert die Menschen zu beiden Seiten dieses Scharniers der Kulturen nach der jeweils vis-à-vis lockenden, fremden Welt befiel und immer noch befällt.

Abertausende Emigranten zahlen örtlichen Fischern alljährlich Wucherpreise, um sich bei mondheller Nacht per Boot ins nur vierzehn Kilometer entfernte Spanien schmuggeln zu lassen. Die meisten sind Schwarzafrikaner. Viele werden kurz vor dem Ziel von der Grenzpolizei geschnappt. Eine unbekannte Zahl kentert in der gefährlichen Strömung und ertrinkt. Nur ein Bruchteil schafft es, in Ceuta oder Melilla die kilometerlangen Mauern samt Stacheldraht, Flutlicht und thermischen Kameras, welche die Spanier in diesen ihren beiden Enklaven auf marokkanischem Boden errichtet haben, zu überwinden. Dennoch wächst der Flüchtlingsstrom Richtung gelobtes Europa weiter an. 1987 bereits hat sich Marokko um Mitgliedschaft bei der Europäischen Gemeinschaft beworben, freilich ein höfliches »Nein« zur Antwort erhalten. Ein anderer Traum könnte zumindest mittelfristig Wirklichkeit werden: Ebenfalls in den achtziger Jahren begannen mehrere Planungsbüros an dem Projekt eines fast vierzig Kilometer langen und bis zu fünfhundert Meter unter dem Meeresboden verlaufenden Straßentunnels zu arbeiten, der – *insha'llah* – dereinst Cap Malabata mit dem spanischen Punta Paloma verbinden soll. Lange Zeit geschah offiziellerseits wenig. 2009 dann stellte die EU immerhin einen Bericht über die Machbarkeit vor. Und jüngst erst wurde von mehreren Politikern in Spanien, Marokko und Brüssel die Notwendigkeit der Realisierung bekräftigt. Die technischen Herausforderungen scheinen trotz des instabilen Untergrunds aus tonigem Kalk und Sandstein lösbar. Ein tragfähiges Konzept für die Finanzierung hingegen muss noch gefunden werden.

Umgekehrt weckte auch der Maghreb im Westen von alters her Begehrlichkeiten. Allerdings unter anderen Vorzeichen. Jahrhundertelang hatten abwechselnd die Portugiesen, Engländer, Spanier und Franzosen als Schutzmächte ihren Fuß in der »Tür zu Afrika« stehen, machten Kaufleute aus Genua, Venedig und Marseille und Bankiers aus Paris und London von Tanger aus ihre Geschäfte mit Marokko. Zugleich lockte das Sinnlich-Exotische der Hafenstadt scharenweise Künstler an. Eugène Delacroix und später Henri Matisse erlagen dem betörenden Reiz des Lichts und der Farben. Antonio Gaudí ließ sich von der erdigen Architektur der Berber inspirieren, Camille de Saint-Saëns von ihren schrägen Tönen und Rhythmen. Und Dichter wie Edmondo de Amicis oder Pierre Loti sicherten Tanger schon im 19. Jahrhundert einen Platz als Romankulisse in der Literatur. Die strahlendste Epoche begann Anfang der zwanziger Jahre, als sich die Kolonialländer in ihrem Streit um die strategisch wichtige Stadt zu einem Kompromiss durchrangen und ihr den Sonderstatus einer internationalen Zone verliehen. Fortan gab es hier weder Steuern noch Zoll- und Devisenkontrollen. Ihre Geschicke lenkte ein Stadtrat, in dem einundzwanzig Vertreter von neun europäischen Staaten sowie neun Marokkaner saßen. Ihre seinerzeit siebzigtausend Einwohner – nicht einmal ein

Fünfzehntel der heutigen Zahl – kamen aus vieler Herren Länder und hörten mit Pan American Radio das damals einzige kommerzielle Programm der Welt, das täglich in sechs Sprachen – Arabisch, Französisch, Spanisch, Englisch, Italienisch und Hindi – sendete.

Doch die grenzenlose ökonomische Freiheit zog nicht nur redliche Händler, sondern auch Schwärme von Profiteuren, Prostituierten und Schiebern an, und Spione, deren Aufgabe freilich, im Nachhinein betrachtet, vor allem darin bestanden haben dürfte, einander mit Intrigen und Gerüchten selbst in Schach zu halten. Tanger wurde zum schillernden Sündenpfuhl, dessen kosmopolitisches Flair auch auf Bohemiens, vor allem solche aus dem puritanischen Amerika, unwiderstehlich wirkte. Tennessee Williams, Truman Capote und Gore Vidal, Evelyn Waugh und die unvermeidliche Gertrude Stein, Albert Camus, André Gide, Joseph Kessel, Paul Morand und die Beatniks Allen Ginsberg, William S. Burroughs und Jack Kerouac – sie alle kamen, angelockt von der Verheißung auf exotische Eindrücke, auf knackige Knaben oder auf *kif*, das örtliche, im Überfluss vorhandene Haschisch. Doch sie alle gingen, von so manchem Exzess lädiert und vielleicht sogar – wer weiß? – von manch schwülstiger Orientfantasie geheilt, früher oder später wieder. Der Einzige, der blieb und bis kurz vor seinem Tod im November 1999 noch gelegentlich im Hafa auf einen Minztee vorbeischaute, war Paul Bowles. Der große Chronist des Mythos von Tanger reiste aus seiner Heimat Neuengland das erste Mal, damals noch als Komponist, im Jahr 1931 an. Gut zehn

Jahre später schlug er in Marokko für immer Wurzeln, erschrieb sich mit Romanen wie »Sheltering Sky« (»Himmel über der Wüste«), den Bernardo Bertolucci später kongenial verfilmen sollte, weltweiten Ruhm und erforschte nebenbei mit dem Tonband in der Hand im ganzen Land die musikalischen Traditionen der Berberstämme. Was ihn hielt? »Im Orient«, schrieb er einst mit aus heutiger Sicht reichlich fragwürdiger, naiv-paternalistischer Attitüde, »leben die Menschen im Frieden mit sich selbst. Sie sind einverstanden mit der Lösung ihrer Lebensprobleme. Sie sind zufrieden, weil sie keine Fragen stellen. Sie ruhen in sich. Sind nicht getrieben. Sie sind glücklich«. Und fügte an: »Die dümmste Droge ist der amerikanische Traum.«

Ein leiser Abglanz aus den dekadenten Jahren der Internationalität schimmert noch in manchen Winkeln dieser an ihren Rändern längst beliebig gewordenen und aus allen Fugen geratenen Stadt. Als wir an der Place de France im Café de Paris, wo sich einst *tout Tanger* traf, einen *Café au lait* nehmen, finden wir mehrere Tische von älteren Herren bevölkert – blasshäutigen Europäern mit sehr graziösen Gebärden und etwas zu hellen Leinenanzügen, die in ihrer routinierten Langeweile der Gegenwart seltsam entrückt scheinen. Eingesponnen in längst vergangene, plüschige Träume. Die enge, sympathisch vollgeräumte »Librairie des Colonnes« am Boulevard Pasteur, in der sich Generationen von Literaturlegenden, Genet und Beckett zum Beispiel, und Marguerite Yourcenar, Paul Bowles sowieso, aber auch Mohamed Mrabet und Mohamed Choukri, zum Debattieren trafen und mit hochwertigem Lesestoff versorgten, hält unverdrossen das achte Jahrzehnt die Stellung. Und ein paar hundert Meter weiter betreiben die Erben Adolpho de Velascos, des 2004 verstorbenen Doyens der Kunst- und Antiquitätenhändler von Marokko, bis heute seinen Laden, aus dem eine aller Finanzsorgen enthobene Klientel ihren Nachschub an kunstvoll gedrechselten Truhen, kostbaren Messinglampen, antiken Fayencen und mit Lackmalereien verzierten Spiegeln bezieht. Auch die meisten alten Hotels unten nahe dem Strand stehen noch. Wir entdecken das – allerdings seit ein paar Jahren geschlossene – Cecil, wo Michel Foucault abzusteigen pflegte, das Rif, das Continental und vis-à-vis dem Bahnhof das seltsam gotische Immeuble Renschausen, in dem Bertolucci im »Himmel über der Wüste«, der Verfilmung des gleichnamigen Bowles-Romans, seinen zivilisationsmüden Protagonisten Port alias John Malkovich Logis nehmen ließ. Und auch eine Handvoll Fluchtpunkte für die Abendgesellschaften von einst – das Marquis zum Beispiel oder das Negresco – existieren noch. Es ist sogar vorstellbar, dass unter ihren ergrauten Gästen ein paar Erben glorreich gestrandeter Exilanten – ausgedörrter Kolonialoffiziere, gestrauchelter Millionärssöhne, untergetauchter SS-Schergen und Vichy-Kollaborateure – sitzen. Doch sie alle und auch die leicht verlotterten Villen der Europäer auf dem Marshan und der Vieille Montagne sind unwiderruflich Orte am Rande der Zeit.

In der Bar des El Minzah, dem exquisitesten Hotel am Platz, wird noch die mondäne Vergangenheit beschworen. Immerhin diente sie als Vorbild für Rick's Café in »Casablanca«. Doch in den neunziger Jahren hat man dem altehrwürdigen Kasten ein zusätzliches Stockwerk aufgesetzt und bereut es bereits, weil die erhofften zusätzlichen Gäste ausbleiben. Trotzdem hat man jüngst erst den lange Zeit desolaten Luxuskasten Villa de France, in dem Matisse einst mehrere Meisterwerke malte, als Nobelherberge namens Grand Hotel auferstehen lassen. Südmarokko, Marrakesch, der Atlas, die Wüste haben dem Norden als Ferienziel und Abenteurerrevier den Rang abgelaufen. »Eine ungeliebte Frau, verführt und unverstanden, vergessen von ihren Liebhabern«, so hat der in Fès geborene und in Frankreich zu Ruhm gekommene Schriftsteller Tahar Ben Jelloun Tanger Ende des 20. Jahrhunderts in einem Essay beschrieben und diesen »Le grand réveil«, »Das große Erwachen«, betitelt. Auch wenn die Stadt in den letzten Jahren einen merklichen Aufschwung verspürt, ihre Bausubstanz saniert, ihr Hafen modernisiert und ihre politische Bedeutung aufgewertet wurden: Grundsätzlich, und vor allem im Vergleich zur glorreichen Zwischenkriegszeit, hat sich an Ben Jellouns Diagnose nicht sonderlich viel geändert.

Koexistenz auf Marokkanisch

Begegnungen mit der jüdischen Gemeinde

Authentischer wirkt Tanger in seinem arabischen Herzen, der *medina*, deren weiße, würfelige Häuser sich malerisch in das steile Halbrund der Hafenbucht schmiegen. Wir schlendern vom Gran Socco, dem »Großen Markt«, wo früher der *mendoub*, der Repräsentant des Sultans, residierte und bis heute die Berberfrauen der Umgebung Obst und Gemüse verkaufen, durch die Rue des Siaghin, das einstige Revier der jüdischen Geldwechsler, zum Petit Socco. In den schmuddeligen Cafés dieses schmalen Platzes pflegten die Beatniks mit Vorliebe ihre Zeit totzuschlagen. Er ist Mittelpunkt des kleinen, aber quirligen Basars und offenbar immer noch beliebte Kulisse für halbseidene Geschäfte. Etliche Male versuchen uns Halbwüchsige im zischenden Flüsterton mit *kif*, Haschisch, gefüllte Stanniolbällchen anzudrehen. Hier und in den angrenzenden Gässchen waren Mohammed Choukri, Driss ben Hamed Charhadi und Mohammed Mrabet zu Hause, Paul Bowles' literarische Ziehkinder, die mit den ungeschminkten Schilderungen ihrer Jugend als Strichjungen, Kiffer und Tagediebe auch in der deutschsprachigen Buchwelt Furore machten. Wir sind im Café Tingis auf dem Petit Socco mit Moïse Bengio verabredet. Der freundliche, soignierte Herr, ein Kaufmann in Ruhestand mit Geschäftsverbindungen in alle fünf Kontinente, hat sich tags zuvor bereit erklärt, uns die Relikte des jüdischen Tanger zu zeigen. Wenig später folgen wir ihm, an der Großen Moschee und der Spanischen Kathedrale vorbei, in ein enges Gässchen, die Rue de la Synagogue. Die ärmeren Juden, hören wir, hätten hier in der *medina* gelebt, die reicheren hingegen in Villen auf dem Marshan. Das Bethaus, in das er uns als Erstes führt, trägt den Namen seiner berühmten Erbauer, der Bankiersfamilie Nahon, und ist kaum mehr als hundert Jahre alt. Dennoch dient es heute als Museum. In den vierziger Jahren, sagt Bengio, habe die hiesige Gemeinde noch fast zwanzigtausend Juden umfasst. »Viele waren im internationalen Handel und Finanzwesen tätig, viele aber auch als Ingenieure, Architekten, Handwerker.« Heute zähle sie kaum mehr als hundert Mitglieder (in ganz Marokko leben mittlerweile keine dreitausend Juden mehr). Man habe keine eigene Schule mehr, nur noch ein Altersheim. Doch wenigstens die Versorgung mit koscherem Fleisch und somit die Einhaltung der Kaschrut, der Speisegesetze, sei dank einem Schächter aus Meknes noch gewährleistet. Der erste Exodus fand 1956 statt – aus politischen Gründen, wegen der Unabhängigkeit, und auch aus ökonomischen, weil Tanger damals seinen Sonderstatus verlor. Weitere Auswanderungswellen folgten 1967 und 1973, in den Jahren der arabisch-israelischen Kriege. Zielländer waren vor allem Frankreich und Spanien, Kanada und Venezuela. Nach Eretz Israel ging aus Tanger nur eine Minderheit. Die zweite Synagoge, die uns Bengio zeigt, ist nur wenig älter als die erste und kunsthistorisch von ebenso geringem Reiz. Sie erfüllt immerhin jeden Sabbat noch ihren eigentlichen, seelsorgerischen Zweck.

Letzte Station unserer kurzen Spurensuche ist der alte Friedhof. Wir stapfen durch hüfthohes Unkraut, stolpern über geborstene Grabplatten. Unser Führer entziffert verwitterte Inschriften, erzählt mit Begeisterung von berühmten Rabbis aus Toledo, Fès und Córdoba, die hier ruhen. Ob wir schon in Chefchaouen gewesen seien? Dort, an der Straße Richtung Al-Hoceima, könne man über tausend Jahre alte jüdische Gräber finden! Mittelalterlichen Manuskripten zufolge sollen bereits nach der Zerstörung des Ersten Tempels in Jerusalem Judenfamilien bis in die Täler Südmarokkos am Rand der Sahara geflohen sein. Was uns erstaunt: dass das riesige Areal in bester Lage – direkt vor der Stadtmauer, hoch über dem Hafen – offenbar niemals zum Objekt der Begierde von Bauherren wurde.

»Die Juden hatten in der marokkanischen Gesellschaft stets ihren fixen Platz und waren geachtet«, erklärt uns tags darauf Abraham Azancote, Vorsteher der Gemeinde von Tanger, in seiner Wohnung in der Neustadt. Natürlich, sagt er, hätten auch sie einmal goldene Perioden und dann wieder Zeiten der Unruhe durchlebt. Doch nie, nie sei es zu Pogromen von auch nur annähernd europäischen Ausmaßen gekommen. Im Gegenteil: Als während des Weltkriegs das Regime in Vichy forderte, die in Frankreich gültigen antisemitischen Gesetze auch in Marokko anzuwenden, habe Mohammed V. dies mit den Worten verweigert, er sei verpflichtet, die Juden zu schützen und könne nicht akzeptieren, dass sie behelligt würden. Auch als er 1956 aus dem Exil auf Madagaskar zurückkehrte, betonte er gleich in seinen ersten Reden, dass die Juden im künftig unabhängigen Marokko vollwertige Bürger mit allen Rechten und Pflichten sein würden. Kein Wunder also, dass Mohammed V. als Retter vor dem Holocaust zu den Gerechten Israels zählt. Kein Wunder auch, dass das Königshaus bis heute mit Israel in einem besonderen, engen Verhältnis steht.

Jemand, der diese »special relationship« wie nur ganz wenige aus eigenem Erleben kennt, ist Serge Berdugo, der inzwischen über achtzigjährige Langzeit-Präsident aller jüdischen Gemeinden im Land. Marokko, wird er uns später in seiner Villa in Casablanca darlegen, spiele schon des Längeren eine spezielle Rolle in der Nahostpolitik. Denn König Hassan II., der Vater des jetzigen Königs, sei bereits 1968 zu der Überzeugung gelangt, »dass die Söhne Abrahams ohne Probleme zusammenleben können, wenn sie erst einmal einen Modus Vivendi gefunden haben, der auf gegenseitigem Respekt und gegenseitiger Würde beruht«. Weshalb sich Ihre Majestät stets als Brückenbauer für den Frieden, freilich einen wahrhaften, andauernden eingesetzt habe. »Wenn man die Geschichte des Nahostproblems seit dem Sechs-Tage-Krieg Revue passieren lässt«, sagt Monsieur Berdugo in geschliffenem Französisch, das von seinem Studium der Jurisprudenz in Paris stammt, »sieht man, dass Marokko in alle großen Entscheidungen involviert war.« Zum Beweis zieht er aus der Lade seines wuchtigen Mahagonischreibtischs spürbar stolz einen Aktenordner. *Voilà*, das Dokument eines mehr als dreißig Jahre währenden diplomatischen Ringens (das im Rückblick umso trauriger stimmt, wenn man bedenkt, in welch mentale Sackgasse sich die Kontrahenten seit jenem Beinahe-Friedensschluss Anfang der neunziger Jahre manövriert haben): In dem dicken Konvolut von Fotos und Presseausschnitten finden sich neben unzähligen Bildern diverser Delegationen, Kongresseröffnungen und Pressekonferenzen all die wohlbekannten Protagonisten des nicht enden wollenden Dramas: Jassir Arafat, Yitzak Rabin, Shimon Peres, Bill Clinton … Als Gastgeber in Rabat stets mit im Zentrum: Ihre Majestät König Hassan II.

Paradies im Dies- und im Jenseits

Begegnungen mit Kiffern, Gnawas und den Beatniks

Happy Hour in einem Straßencafé am Boulevard Pasteur. Das Treiben auf Tangers Flaniermeile zu beobachten gleicht einem Seminar für angewandte Soziologie. Die Gleichzeitigkeit des Ungleichzeitigen – das große Faszinosum dieses Landes für jeden Europäer. Teenager in hautengen Jeans, die Münder knallrot vom Lippenstift, defilieren Arm in Arm und mit kecken Blicken um sich werfend vorbei. Blinde Greise, die Kapuzen ihrer kuttenhaften Gewänder tief über die knöchernen Gesichter gezogen, betteln mit kehligen Lauten um *bakschisch*. Buben, mit Sicherheit nicht älter als acht, bieten von Tisch zu Tisch wandernd Zigaretten und ihre Dienste als Schuhputzer an, während in der nicht enden wollenden Autokolonne immer wieder einzelne Fahrer mit Gel im Haar, Goldkettchen um den Hals und feistem Lächeln demonstrativ den Motor ihres Chevrolet-Cabriolets oder großkalibrigen Mercedes aufjaulen lassen. Das Rif-Gebirge südöstlich der Stadt ist das größte Hanfanbaugebiet der Welt. Es misst etwa zweihundertfünfzigtausend Hektar und sichert schätzungsweise zweihunderttausend Bauern samt Familie ihren Lebensunterhalt. Rund dreitausend Tonnen Haschisch, so die Schätzungen der EU, finden derzeit im Durchschnitt pro Jahr den Weg von hier auf die Märkte Europas. Mehr als aus jedem anderen Land der Welt. Die Region und Tanger leben nicht schlecht davon. Eingeweihte nennen die Hunderten von Appartement- und Bürogebäuden, die in den letzten zwei Jahrzehnten an der Stadtperipherie aus dem Boden schossen und größtenteils bis heute leer stehen, augenzwinkernd *immeubles de la menthe*, »Häuser der Minze«.

Die Kontraste zwischen Arm und Reich sind auch in der *medina* krass. An allen Eingängen harren beschäftigungslose Männer gutmütiger Touristen, denen sie sich – manchmal überaus dreist, manchmal mit kaum minder irritierender Unterwürfigkeit – als Guides andienen. Diesmal lassen sogar wir uns umgarnen, durchstreifen in Begleitung das abschüssige Labyrinth aus Gässchen, Treppen und Plätzen am Fuße der *kasbah*. Seltsam, wie unvoreingenommen, ja bewundernd ein vom Schicksal bestrafter Mann mittleren Alters ohne berufliche Zukunft von den Schönen und Reichen spricht. Malcolm Forbes, Brian Jones, Marguerite McBey ... als Kind habe er sie alle persönlich gesehen. Yussuf, so heißt unser selbst ernannter Cicerone, führt uns zu einer messingbeschlagenen Tür. Der Palast dahinter gehörte einst Barbara Hutton, der sagenhaft reichen Erbin des Woolworth-Kaufhausimperiums. Die Partys, die sie auf den weitläufigen Dachterrassen für ihresgleichen inszenierte, sind legendär und sorgten seinerzeit in der amerikanischen und britischen Presse für Schlagzeilen. »Was wissen diese Ausländer schon von Tanger?«, fragt Mohammed Choukri in seiner Autobiografie »Das nackte Brot« mit jener Schonungslosigkeit, die man in der Gosse erlernt. »Sie haben die Stadt benutzt, ausgesaugt. Wie eine Zitrone, Schmarotzer, hergekommen, um zu huren und zu kiffen.« Nächste Station ist die ehemalige amerikanische Gesandtschaft – ebenfalls ein Anlaufpunkt für elitäre Nostalgiker. 1776 erkannte Marokko als erstes Land die Unabhängigkeit der USA an. Wenig später schenkte ihnen der Sultan diese Liegenschaft im Süden der Altstadt. Sie war der erste Besitz des jungen Staates im Ausland. In den weitläufigen, aufwendig ausgestatteten Räumlichkeiten ist jetzt ein Museum untergebracht. John Davison, der Direktor, zeigt uns die Highlights der Sammlung – eine Kokoschka-Skizze hier, Grafiken von Cecil Beaton und Yves Saint Laurent da, Stiche (einige von David Roberts) und Marokkokarten (die besten von Mercator, Ortelius und Leo Africanus).

In einer Ecke des Mechouar, des großen Platzes vor dem Sultanspalast, auf dem früher die Verurteilten ihre Bastonaden erhielten, bevor sie im angrenzenden Gefängnis landeten, hockt ein Schlangenbeschwörer. Nähern sich Touristen, lüpft er den Deckel eines Bastkorbes und bläst auf seiner *ghaita*, der arabischen Oboe, eine kurze Jammermelodie. So entlockt er seiner zahnlosen Kobra ein müdes Kopfwackeln und dem mitleidigen Publikum ein paar Dirham.

Von einer nahen Aussichtsterrasse schweift der Blick über den Hafen. Wie viele Verfolgte im Zweiten Weltkrieg davon geträumt haben, hier oder im nahen Casablanca oder in Lissabon ankommen zu dürfen! Im Vordergrund, auf einer Felsklippe hoch über der Stadt, thront York Castle, jene kleine Feste im portugiesisch-maurischen Stil, die sich ein britischer Gouverneur im 17. Jahrhundert als Zeichen seiner Macht hierher bauen ließ und die seither als eines der Wahrzeichen Tangers gilt. In den sechziger Jahren kaufte und renovierte sie Yves Vidal, Präsident der Designfirma Knoll. Später gehörte sie Hubert de Givenchy. Seit der Jahrtausendwende darf die Burg allerdings auf Anordnung der Behörden nicht mehr bewohnt werden, weil ihre zinnenbekrönten Mauern an der Meerseite armdicke Risse aufweisen und, von Wind und Regen unterminiert, auf den Strand hinabzustürzen drohen. In ungleich besserem baulichen Zustand präsentiert sich am westlichen Stadtrand, im Marshan-Viertel, die ehemalige Villa des Milliardärs, Verlagstycoons und Arabisten Malcolm Forbes. Der spleenige Amerikaner hatte darin ein Museum eingerichtet. Eine Handvoll historischer Fotografien, Plakate, Dokumente, Kriegsandenken und unbeholfen gestalteter Dioramen, in denen der Hausherr, ein begeisterter Sammler von Zinnsoldaten, einige weltgeschichtlich bedeutsame Schlachten nachstellen ließ: Die Sammlung hatte zwar eher enttäuscht, das Anwesen hingegen, der schneeweiße neomaurische Palast mit dem weitläufigen, perfekt gepflegten Garten auf einer Felsklippe hoch über dem Meer ist hinreißend. Kein Wunder, dass es schon einmal James Bond bei einem seiner Filmabenteuer als Kulisse dienen durfte. Jüngst freilich wurde es in ein Gästehaus der Regierung umgewandelt und ist ergo nicht mehr öffentlich zugänglich.

Anderntags führt uns ein Rundgang erneut auf den Mechouar. Es ist bereits dunkel und wir landen, angelockt von wunderlichen Tönen, in einem zum Platz hin offenen winzigen Raum. Drei Männer halten, auf Teppiche hingestreckt, eine musikalische Sitzung. Oder ist es eine Séance? Einer schlägt ein Tamburin, der Zweite mit bewundernswerter Gleichmäßigkeit eine eiserne Kastagnette. Der Dritte zupft eine *gembri*, die dreisaitige Geige. Darüber breiten sie unisono einen melodiösen, stark rhythmisierten Singsang. Drei weitere Männer – sie sind das Publikum – klatschen Begleitung. Sie wirken bereits ein wenig weggetreten. Wir mögen Platz nehmen! Tee wird kredenzt. Die anfangs reichlich kakophonisch wirkende Musik übt mit der Zeit eine erstaunliche Suggestivkraft aus. Was besonders packt, ist die energische Synkopierung. In einer Pause erfahren wir, dass das Dreierensemble als »Gnawa Tanger Express« gelegentlich durch Europa tourt. An eine Wand haben sie lobende Kritiken aus der *Süddeutschen* und der *Wiesbadener Zeitung* gepinnt.

Die *Gnawa*-Musik hat ihre Wurzeln in Schwarzafrika – in Ghana, Mali, Nigeria. Vor Jahrhunderten (wann genau, lässt sich nicht mehr eruieren) wurden die Gnawa von dort als Sklaven nach Marokko verschleppt. Deren Nachfahren pflegen seither im Rahmen sufischer Orden mit Tänzen und religiösen Liedern ihr spirituelles Erbe. Touristen kennen die Gnawa vor allem dank jener Ensembles, die auf dem Djemaa el-Fna in Marrakesch zu den Rhythmen afrikanischer Trommeln für *bakschisch* ihre akrobatischen Kunststücke vollführen.

Was dort freilich kaum zur Geltung kommt, ist die magisch-okkulte Dimension ihres Tuns.

Brion Gysin, der Schriftsteller und zeitweilige Weggefährte von Burroughs und Bowles, hat behauptet, er wäre wegen der Musik Marokkos beinahe zum Islam übergetreten. Im Besonderen wegen der ekstatischen Klänge, zu denen die mystischen Bruderschaften tanzten. Daraus wurde nichts. Doch immerhin machte er die Rolling Stones mit der uralten Dorfmusik des Landes bekannt, was 1971 in eine Plattenproduktion (»The Pipes of Pan«) mündete. Auch Jimi Hendrix und Ornette Coleman, und in jüngerer Vergangenheit Pharao Sanders und Randy Weston, empfingen von den Meistern der *ghaita* und der *gembri*, der *darbuka* (Handtrommel) und der *nira* (Holzflöte), der *oud* (Laute), der *qanun* (Zither) und der *rebab*, der einsaitigen Geige, entscheidende geistig-musikalische Anregungen. Zur Konversion hat die Begeisterung freilich auch bei ihnen nicht gereicht.

Hippietreff und Hochburg des Widerstands

Tetouan und Chefchaouen: Zentren der Kiffer und des Kabylen-Krieges

Die erste Überlandfahrt, und schon wird uns eindrücklich vor Augen geführt, dass die Worte Chauffieren und Echauffieren etymologisch derselben Wurzel entstammen. Nicht, dass der Zustand der Straßen viel zu wünschen übrig ließe. Doch manche Lenker legen eine zwar charmante, aber beängstigende Sorglosigkeit an den Tag. Vor allem lokale Busfahrer scheinen das Gebot des Rechtsfahrens erfolgreich aus ihrem Bewusstsein gestrichen und einen Separatfrieden mit Gott geschlossen zu haben.

Wir sind Richtung Südosten auf jener Route unterwegs, auf der die Schleichhändler aus den Bergen ihr *kif,* Haschisch, bringen und aus den spanischen Enklaven Ceuta und Melilla, bevor diese seit Mitte der neunziger Jahre sukzessive mit einer Hochsicherheitsgrenzanlage abgeschottet wurden, ihre Schmuggelware nach Tanger brachten. Welcher Kontrast zur Stadt! Sakko und Krawatte wirken hier in der Provinz plötzlich sehr exotisch. Stattdessen Burnusse und *djellabahs,* wohin man blickt. Französisch ist fast schon Fremdsprache, und das Auto nur bei einer wohlhabenden Minderheit Alternative zu Maultier und Esel. Die Straße ist gesäumt von Berberfrauen, die Keramik und Honig, Schafskäse und Stickereien verkaufen. In ihren breitkrempigen, quastengeschmückten Strohhüten und bunten Wolltüchern sehen sie aus, als kämen sie direkt aus dem Hochland von Bolivien oder Peru.

Tetouan, lange Zeit ein Zentrum der Piraterie und später Hauptstadt der Spanischen Zone, erweist sich als in noch höherem Maße hybrid als Tanger: Die Place Hassan II und die umliegenden Gassen mit ihren fayenceverzierten Fassaden und verschnörkelten schmiedeeisernen Balkonen sind, was die Architektur betrifft, so spanisch wie nur irgendeine Stadt an der nahen Nordküste des Mittelmeers. Die angrenzende, über weite Strecken noch von einer Mauer umfasste *medina* hingegen bietet Orient pur. Die Gassen – schmal, krumm, labyrinthisch; die Hausmauern – hoch, fast fensterlos und, ganz im Gegensatz zu den Innenhöfen, bar jeglichen Wunsches nach Repräsentation. Der örtliche Basar gilt, nach jenen von Fès und Marrakesch, als drittgrößter des Landes. Der Bummel über ihn entpuppt sich als Wallfahrt der Sinne und führt zu temporären Verirrungen. Die Kunst seiner Handwerker, vor allem der Töpfer und Schneider, wird über die Grenzen der Region hinaus als groß gerühmt. Und groß ist auch das jüdische Erbe der Stadt. Nicht zufällig trug sie, nachdem sich viele 1492 aus Spanien vertriebene Juden in ihr niedergelassen hatten, lange Zeit den Beinamen »kleines Jerusalem«. Tetouan – der Name bedeutet in der Sprache der Berber »Öffne deine Augen!« Verlässt man im Süden die Stadt und blickt aus ein, zwei Kilometern Entfernung auf sie zurück, versteht man den Imperativ. Die Lage auf dem zu den nordwestlichen Ausläufern des Rif zählenden Plateau verdient das Attribut »malerisch«. Noch pittoresker empfinden wir freilich das eine knappe Fahrstunde weiter südlich gelegene Chefchaouen. Das Städtchen mit seinen gut vierzigtausend Einwohnern liegt, umgeben von dichten Wäldern, in einem Sattel zwischen zwei Zweitausendern. Von besonderem Reiz ist seine ausgedehnte *medina*. Deren niedrige, giebelige und auf südeuropäische Art mit rötlichen Dachziegeln gedeckte Häuser, aber auch manche der schmalen Sackgassen und Höfe sind zum Schutz vor der Hitze und vor Insekten mit weißem und blauem Kalk getüncht. Alle paar Schritte entdecken wir kleine Souterrainwerkstätten, in denen Männer Stoffe weben, Kaftane schneidern und *babouches*, die in ganz Marokko so beliebten spitzen, meist safranfarbenen Lederpantoffeln, fabrizieren. Entlang vieler Hausmauern haben Buben Garne aus Schafwolle und Agavenseide gespannt, die sie mit kleinen Elektromotoren zwirnen. Andere bieten an Hausecken auf ziselierten Tabletts mit Zimt bestreuten Grießpudding feil. Wieder andere, noch jüngere, treiben zum Spaß kleine Metallreifen, die sie mit Draht lose an Stöcke gebunden haben, durch die Gassen vor sich her. Am Ostrand der Altstadt wäscht eine Schar Frauen in der Furt eines Baches Wäsche. Die Zeit scheint stehen geblieben zu sein in diesem Gebirgsort, den zu betreten noch 1920 für Christen strengstens verboten war. In die frühen siebziger Jahre zurückversetzt fühlen wir uns auf der Place Outa El Hammam, dem gepflasterten, baumbestandenen Hauptplatz. Denn er ist nicht nur von Touristen, deren Schleppern und einheimischen Müßiggängern bevölkert, sondern auch von zahlreichen Hippies, die sich, langmähnig, mit schlotternden Batikgewändern angetan und auffallend langsamen Blickes, von der Höhensonne garen lassen. In den zahlreichen Open-Air-Cafés vermischt sich die würzig frische Bergluft mit dem unverkennbaren, süßlichen Duft von Haschisch.

Die angrenzende *kasbah* hat ein *scherif* der Berber im späten 15. Jahrhundert als Bastion gegen die von der Küste aus vordringenden Europäer erbauen lassen. Innerhalb ihrer rötlichen, zinnenbewehrten Lehmmauern ist noch jene Zelle zu sehen, in der 1926 der legendäre, von den Marokkanern bis heute als Held verehrte Rebellenchef Mohammed Ben Abd El Krim eingekerkert war. Der hatte hier im westlichen Küstengebirge drei Jahre nach Ausbruch des von ihm angeführten Rif-Aufstands, einem Vorläufer der späteren landesweiten, nationalistischen Erhebung, eine unabhängige islamische Berberrepublik ausgerufen. Worauf ihn seine Gegner – Spanier und Franzosen – mithilfe einer zweihundertfünfzigtausendköpfigen Armee und modernstem Kriegsgerät, darunter Fliegerbomben und Giftgasgranaten, niederrangen. Es ist kein Zufall, dass Chefchaouen die letzte Stadt Marokkos war, die unter europäischen Einfluss geriet. Die Rif-Berber gelten auch heute im Reiche des Alaouitenkönigs Mohammed VI. als die politisch mit Abstand widerspenstigsten Untertanen.

Only gucken!

Auf labyrinthischen Pfaden durch den Basar von Fès el-Bali

In orientalischen Städten halte ich es gerne mit Elias Canetti. Der empfiehlt in den »Stimmen von Marrakesch«, möglichst bald nach der Ankunft auf ein Dach zu steigen. Dort genieße man den Blick hinab auf das laute Wirrwarr, in dem man hinterher umherirren wird. Man blicke über die flachen Dachlandschaften, schwärmt er, und plötzlich scheine alles wie in großzügigen Stufen erbaut. Man meine, bequem über die ganze Stadt spazieren zu können. Und die Minarette glichen, wenn der Muezzin rufe, von Stimmen bewohnten Leuchttürmen, die den Menschen ihren Weg weisen. In Fès dient mir als solch ein »Dach« stets die Terrasse des Hotels Les Merinides. Dort liegt einem dieses urbanistische Weltwunder unvergleichlich aufreizend zu Füßen wie eine mit Tausenden Edelsteinen gefüllte Druse. Auch gibt es keinen geeigneteren Ort, um sich die Stadtstruktur zu vergegenwärtigen. Direkt vor uns haben wir Fès el-Bali, den ältesten und aufregendsten Stadtteil, mit seinen beiden Hälften – dem Anfang des 9. Jahrhunderts von Flüchtlingen aus dem heute tunesischen Kairouan gegründeten Bezirk al Karaouine und, jenseits des Oued Fès, dem kurz darauf von Exilanten aus Córdoba besiedelten Bezirk

Al-Andalus. Weiter westlich erstreckt sich Fès el-Djedid, das vierhundert Jahre später von den Meriniden erbaute »neue« Fès mit dem Königspalast und der *mellah*, dem Judenviertel. Und dahinter die von den Franzosen angelegte, von Jahr zu Jahr unaufhaltsam weiter in die Hügel der Umgebung wuchernde Ville Nouvelle. Am Horizont grüßen die Zweieinhalbtausender-Gipfel des Mittleren Atlas. Nicht im Blick, weil im Rücken, hat man den mit Abstand jüngsten Stadtteil – jene Ansammlung nichtssagender Neubauten, die man nach der Erdbebenkatastrophe von 1960 Flüchtlingen aus Agadir als Ersatzheimat geschaffen hat.

Eigentlich haben wir keinen Führer gesucht, sondern uns vom Bab Boujeloud aus, dem schönsten der acht Stadttore, viel lieber allein in dem Gassengewirr des Basars verlaufen wollen. Doch schon nach wenigen Schritten und einem kurzen, herzlich überflüssigen Wortwechsel trotten wir ergeben hinter Muammar drein. Der junge Mann, der geschliffen Französisch und gebrochen Englisch spricht, weiß im Gegensatz zu uns offenbar, wohin wir wollen. Er bahnt uns durch das Geflecht von engen, abschüssigen Gassen und dunklen Gelassen, durch auf- und abschwellende Menschenströme einen Weg. Hier in dem Gewühl der Leiber herrscht Gleichberechtigung zwischen Tier und Mensch. Hier ist das Auto mit Ausnahme einiger weniger Zufahrtswege ausgesperrt und mit ihm die Gegenwart. Hier sind auch – wie in allen Basaren zwischen Marrakesch und Muscat, Samarkand und Istanbul – die Waren nach Branchen sauber getrennt, Handel und Glaube wohl gefügt.

Wir wandern durch die Gassen von *souk* zu *souk*. Von den Webern zu den Wollfärbern zu den Sattelmachern zu den Schneidern … Es ist ein bisschen wie in jener Szene aus Fellinis »Satyricon« (die erotische Komponente natürlich ausgenommen), in der sich der Zuseher durch einen labyrinthischen, düsteren Gang bewegt, sich abwechselnd links und rechts Türen öffnen und dahinter ein ganzes Kaleidoskop wunderlicher Bilder zum Vorschein kommt. Jede Ladennische, jede Werkstatt, jedes Gelass offenbart eine neue, meist skurrile, manchmal erheiternde, fast immer archaische Szene. Da gibt es die Kammmacher, die noch händisch und mit überirdischer Geduld Zahn um Zahn einzeln aus flach gepressten Ochsenhörnern sägen, und die Scherenschleifer, die ihre Funken sprühenden Schleifsteine mit affenartiger Geschicklichkeit mit dem eigenen Fuß antreiben. Es gibt die Schuster, die tagaus, tagein weißes und safrangelbes Leder zurechtschneiden und zu *babouches* zusammennähen, die am Krawall ihrer faustdicken Hämmer längst ertaubten Kesselflicker und Kupferschmiede und, auf demselben schattigen, malerischen Platz, die Lastenträger mit ihren Maultieren und hölzernen Handkarren. Es gibt die Alpaka- und die Alteisenhändler, die Sattler, Sticker, Schreiner, die Drogisten, die *Henna*-Malerinnen, die *negafah* genannten Frauen, die hauptberuflich Hochzeiten organisieren, die öffentlichen Notare und Schreiber mit ihren vorsintflutlichen Schreibmaschinen und die ambulanten Apotheker und Ärzte, die ihre Kräuter, Wurzeln und getrockneten Echsen vor sich auf dem Boden ausbreiten und anhand anatomischer Skizzen den leseunkundigen Passanten deren Wirkung darlegen. Auch existieren eigene Märkte für so spezielle Waren wie Schlüssel, Pflüge und Ledersättel, für Vögel, Oliven und Schnecken, Honig und Salz. Kurz, es gibt wenig, was es nicht gibt. In der Altstadt, sagt Muammar, existieren an die achthundert verschiedene manuelle Berufe.

Als Nächstes zeigt er uns eine öffentliche Backstube. Hierher bringen die Familien ihre teigigen Brotfladen. Diese bekommen ein persönliches Zeichen eingeritzt und werden auf langen Regalen gelagert. Holt der Bäcker die fertigen Brote mit seinen langen Holzstangen wieder aus der flirrenden Ofenhitze, vermeiden diese Kerben Missverständnisse zwischen den Besitzern. In unmittelbarer Nachbarschaft steht ein *funduk* – eine jener Herbergen, in denen schon im Mittelalter Händler auf Besuch in der Stadt einkehrten. In den meisten orientalischen Städten sind solche Komplexe längst zweckentfremdet. Als Lager- oder Parkplätze, oder als zusätzlicher Raum für Gewerbebetriebe. In Fès erfüllen immerhin einige wenige noch ihre ursprüngliche Funktion. Dieser stammt aus dem 13. Jahrhundert und hat Aussehen und Charme jener Zeit bewahrt. Im ersten Stock warten hinter bunten Holztüren karge Schlafzellen auf Gäste, meistens Bauern, die ihre Ware zum Verkauf in die Stadt bringen und hier preiswert übernachten. Zu ebener Erde dösen Maultiere und Esel, müde von dem langen Trott, zwischen den Säulen niedriger Arkaden. Und auf dem lehmigen Boden des Hofes hocken gewichtige Frauen und rupfen Hühner für den Abendtisch.

In diesem ewig gleichen und doch an jeder Ecke Überraschungen bereithaltenden Getriebe wird mir, während über uns ein Storch seine weiten Kreise zieht, mit einem Mal klar, was diese morgenländische Welt für uns Europäer so faszinierend macht: Man ist verankert im Glauben und lässt sich vom Strom der Ereignisse tragen, will diese ausnützen zwar, aber nicht beherrschen und erzwingen. »Wir bewegen uns aus der höchsten in die niedrigste Welt«, hat Hugo von Hofmannsthal im Vorwort zu den Erzählungen aus »Tausendundeiner Nacht« geschrieben, »vom Kalifen zum Barbier, vom armseligen Fischer zum fürstlichen Kaufherrn, und es ist eine Menschlichkeit, die mit breiter, leichter Woge uns hebt und trägt«. Ich muss an die einsamen Künstler aus arabischen Landen denken, wie sie auf mitteleuropäischen Handwerksmessen gelegentlich als folkloristischer Aufputz herhalten – lebendige Beispiele exotischer, nicht entfremdeter Arbeit, für ein verständnisloses Publikum hämmernd, webend und drechselnd. Dort sind sie rührende Relikte, hier, in ihrer Heimat, angesehene Altmeister. Tausendfach könnten Maschinen ihre Produktion übertreffen – doch wozu? Jeder in der *medina* hat zu leben. Das soziale Gefüge ist halbwegs gesund, Effizienz nur in Maßen gefragt. Die Männer halten viel lieber mit ihren Kunden ein Schwätzchen, feilschen und warten auf Kunden. Die Offenheit, mit der sie ihre Waren und deren Entstehung dem Fremden zeigen, steht, das wissen sie, in reizvollem Kontrast zu der Verborgenheit, in der sie ihre Häuser, Moscheen und ihre Frauen bewahren.

In der *medina* von Fès hat das Handwerk noch – oder besser gesagt wieder – goldenen Boden. Über die Hälfte ihrer Bewohner lebt von ihm, und der Anteil ist weiter im Wachsen. Denn unter den Wohlhabenden in Casablanca und Rabat gehört es seit längerem nun schon zum guten Ton, ein modernes Haus traditionell, mit *zelige* – Mosaiken aus lasierten Keramikplättchen –, mit Stuck, gedrechselten Holztüren und Möbeln auszustatten. Immer mehr Jugendliche aus der Provinz, aber auch Maturanten und Absolventen der Universitäten ohne Job kommen nach Fès, um eine der sage und schreibe zweihundertdreißig Berufsschulen zu besuchen und parallel ein Praktikum zu absolvieren. Solche Ausbildung wird vom Staat subventioniert. Handwerksdiplome aus Fès genießen einen exzellenten Ruf. Für ihre Besitzer ist Arbeitslosigkeit ein Fremdwort.

Wir haben Durst bekommen und nehmen in einem engen, düsteren Kaffeehaus einen Tee. Im Hintergrund saugen alte Männer mit grauen Bärten und ebensolchen Kaftans in konspirativer Eintracht – als gelte es, paffend die Ewigkeit zu beschwören – an riesigen Wasserpfeifen, die sich jedermann in solchen Lokalen für eine Handvoll Dirham leihen kann. Das Wasser blubbert, der Rauch zieht in Schwaden, und durch unsere Kehlen rinnt klebrig und kühlend die Minze.

»Bist du gläubig?«, fragt uns Muammar und rüttelt uns aus einer wohltuenden Trägheit. »Wenn du nicht gläubig bist, wirst du Fès nie verstehen. Diese Stadt hat etwas Rätselhaftes. Marrakesch ist eine Frau, die sich anbietet, grell geschminkt und leichtsinnig, Fès jedoch eine verschleierte Dame. Sie ist schwer zu erobern, aber gelingt es dir, lässt sie dich nicht mehr los.« Und dann beginnt Muammar zu erzählen: von den wechselnden Dynastien – den Fatimiden, Almoraviden und Almohaden, den Meriniden und Saadiern und schließlich den Alaouiten, die seit 1667 die Geschicke der Stadt und des Staates lenken. Davon, dass die Kolonialisten zwar den Hof nach Rabat verlegten und Mohammed V ., den Großvater des jetzigen Königs, nach Madagaskar verschleppten, aber den Widerstand der Fassi, der für ihren Stolz, ihre urbane Kultur und ihr Elitedenken im ganzen Land bekannten, alteingesessenen Söhne von Fès, niemals brachen. Er erzählt vom umjubelten Abzug der Franzosen im Jahr 1956, vom vorherigen Verlust der politischen und wirtschaftlichen Führungsposition seiner Stadt an Rabat und Casablanca; von den gelegentlichen Erdbeben, die die frei stehenden Paläste zwar erschütterten, aber dem Großteil der Gebäude in der *medina* nichts anhaben konnten, weil »jeder Nachbar seine Balken auf die Mauern des andern legt«; und vom rapiden Anstieg der Altstadtbevölkerung nach der Unabhängigkeit, als zwar viele Patrizier ihren Wohnsitz in die Neustadt verlegten, in ihre Paläste jedoch Zuzügler vom Land drängten. Inzwischen ist die Einwohnerzahl wieder auf knapp hunderttausend Menschen geschrumpft. Die Infrastruktur liegt dennoch im Argen. So droht etwa das faszinierend komplizierte Kanalsystem aus dem 13. Jahrhundert für Frisch- und Abwasser zusammenzubrechen. Und auch die Bausubstanz ist überwiegend desolat. Bereits 1980 hat sich die UNESCO des Problems angenommen, hat Alt-Fès zum kulturellen Welterbe erklärt und mehrere Hundert Millionen Dollar für diverse Rettungsmaßnahmen reserviert. Zumindest einige Vorzeigeprojekte, wie die Medersa Bou Inania oder der Funduk Nejjarine, wurden damals mithilfe privater Sponsoren mustergültig instand gesetzt. In den Jahren 2013-2018 wurden kraft eines Fünf-Jahres-Aktionsplans, an dem neben dem marokkanischen Staat auch ausländische Stiftungen und Fonds beteiligt waren, sogar mehr als zwei Dutzend Bauwerke renoviert – Koranschulen, Brücken, Festungen und Stadtmauern, Karawansereien, historische Paläste, ein Observatorium und auch die Bibliothek der altehrwürdigen Qaraouyine-Universität. In etliche ist auch das Leben zurückgekehrt, weil sie wieder als Studentenherbergen dienen oder sich Handwerker mit Werkstätten und Verkaufsräumen eingemietet haben. Angesichts der insgesamt über elftausend historischen Gebäuden, darunter siebenhundertvierzig Paläste, hundertsechsundsiebzig Moscheen, dreiundachtzig Mausoleen und mehrere hundert maurische Bäder, wirkt die Maßnahme freilich trotzdem, so löblich sie ist, wie der sprichwörtliche Tropfen auf den heißen Stein.

Wieder draußen im Menschengemenge. Die Frühjahrssonne beginnt schon zu stechen. Ihre scharfen Strahlen brechen steil durch das löchrige Schilfdach, das die Ladenstraße nur notdürftig überdeckt. Muammar hat uns Besonderes versprochen. Er biegt in ein Tor, aus dem tiefschwarzer Rauch qualmt, und steigt, den dichten Schwaden entgegen, in ein tiefes Gelass. Der Abstieg will kein Ende nehmen. Plötzlich taucht unter uns der Schemen einer Gestalt auf: Ein Schwarzer, hünenhaft und mit rußigem Gebiss, heißt uns willkommen. Mit gewaltiger Muskelkraft schiebt er Bretter und Balken in das lodernde Feuer, das ein blasser, magersüchtiger Junge mit einem Blasebalg anheizt. Die beiden sind die Glutmacher der Stadt. Jeden Tag verteilen sie frühmorgens glosende Holzscheite an die Schlosser, Schmiede, Köche und Kesselflicker der *souks*, mit denen diese ihre kleineren, eigenen Feuer entfachen.

Schwarzhäutigen begegnet man in Marokko immer wieder. Sie sind Nachfahren jener Afrikaner, die noch zu Beginn des 20. Jahrhunderts von reichen Familien als Sklaven und Sklavinnen gehalten wurden. Als die Franzosen die Leibeigenschaft schließlich verboten, blieben die meisten Betroffenen dennoch bei ihren alten Herren. Titus Burckhardt schreibt in seinem ebenso klugen wie poetischen Buch über Fès: »Geschichtlich erklärt sich die Sklaverei aus dem Kriegsgesetz der nomadischen und halbnomadischen Völker, für die es nicht möglich war, gefangene Feinde in Lagern zu halten: Wenn die Gefangenen nicht von ihren Verwandten losgekauft wurden, blieben sie so lange Sklaven ihres Beuteherrn, bis sie sich durch ihre eigene Arbeit auslösen konnten oder bis ihnen ihr Herr die Freiheit schenkte, was Koran und Sunna als besonders gottgefällige Tat und als Sühneopfer für verschiedene Unterlassungen bezeichnen. Der Sklave galt nie als bloße ›Sache‹; wenn er ungerecht behandelt wurde, konnte er vom Richter verlangen, dass ihn sein Herr verkaufe. Er war als Mensch zu achten; dass er unfrei war, widersprach dem Mensch-Sein nicht, da ja alle Menschen ›Sklaven Gottes‹ sind. Erst mit der Zeit und durch die Entwicklung der städtischen Kultur wurde die Erbeutung von Sklaven im schwarzen Afrika zum Selbstzweck, wenn auch der Glaubenskampf zum Vorwand diente. Weil aber die islamische Denkart keine Verachtung irgendeiner Rasse zulässt, nahm die Sklaverei in islamischen Ländern nie jenen brutalen Charakter an, den sie im alten Rom und noch im letzten Jahrhundert in den Südstaaten von Nordamerika besaß.«

Vom Hammam über den Hades in den Hängebauch

Eine Wallfahrt der Sinne in das Innerste von Fès

Wir haben das Hammam gleich in der Früh angesteuert und uns in Erwartung der viel gepriesenen Tortur auf einem der glitschigen, mit Stein verkleideten Podeste hingestreckt. Aus den Nachbarnischen dringt leises Stöhnen. Neben uns hocken zwei Männer. Sie tragen bloß ein Lendentuch, grüßen freundlich und sind doch Folterknechte. Der eine beugt sich über mich, packt, eine nach der anderen, meine Gliedmaßen und beginnt sie zu walken. Als jede Faser meiner Muskeln zerquetscht zu sein scheint, macht sich sein Gehilfe daran, mir mit einem rauen, in Seifenwasser getunkten Handschuh Brust, Bauch und Rücken zu schrubben. Es fühlt sich an, als würde Quarzsand auf der Haut zerrieben. Zwischendurch werde ich mit eiskaltem Wasser aus einem blechernen Napf übergossen.

Nach dieser ermattenden Prozedur schöpfen wir inmitten des gekachelten Labyrinths auf einer Steinbank Atem. Unsere heißen Leiber hat man in leinene Umhänge gehüllt, die Füße in übergroße Holzsandalen gesteckt. Süßer Tee wird gereicht. Aus einem Kassettenrekorder windet sich eine endlose Girlande aus Lautenmusik. Über uns spannt sich ein jahrhundertealtes, modriges Gewölbe. Vor uns lässt ein Ungetüm von einem

Ofen röchelnd und zischend Dampf ab. Rund um uns wabern dichte Dunstschwaden. In der Ferne gedämpftes, kehliges Geschwatze, hie und da ein Glucksen … Die Kompliziertheit der Welt tritt uns aus allen Poren.

Arabische Bäder wie dieses in der innersten Altstadt von Fès, deren Besuch seit Jahrhunderten auf diese ewig gleiche Weise abläuft, haben von alters her die Fantasie der Europäer beflügelt. Sie galten als Refugien für vollkommene Entspannung und hemmungslosen Genuss. Und, wie auch der Harem, als Sinnbild für die angeblich schwüle Erotik des Morgenlands. Liest man die einschlägigen, schlüpfrigen Traktate und Verse der klassischen arabischen Literatur, möchte man meinen, in der Hitze der Dampfbäder habe das Laster tatsächlich üppig geblüht. Doch alle Mutmaßungen über Zustände wie in den mittelalterlichen Badestuben Europas, wo Männlein und Weiblein sich tatsächlich gemeinsam lustvoll in Holzbottichen suhlten, sind falsch. In Wirklichkeit waren und sind die Geschlechter im Hammam stets strikt separiert. Manche islamische Bäder werden jahraus, jahrein nur von Männern oder nur von Frauen benützt. Manche sind Doppelanlagen mit zwei separaten Bereichen. In den meisten jedoch sind ein und dieselben Räume abwechselnd für jeweils eine Gruppe reserviert. Wobei man in vielen Gegenden während der Stunden für Frauen einen Schleier quer über den Eingang spannt.

Der Nachmittag im Bad bietet Damen im traditionsverhafteten Milieu einer *medina* oft heute noch die einzige Chance, sich außerhalb des Hauses mit

Freundinnen zu treffen. Hier kann man ungestört in Tratsch und Klatsch schwelgen und unter den Töchtern der anderen diskret nach einer Braut für den eigenen Sohn suchen. Man kann, wie vom Koran verlangt, seine Achselhöhlen und die Scham epilieren und am Ende all dieser Zeremonien in trauter Gemeinsamkeit Berge von Süßigkeiten vernaschen, um künftig dem Schönheitsideal des Gatten noch besser zu entsprechen. Der Glaube freilich, dass mit den Kleidern im Bad auch die sozialen Zwänge abgelegt werden, ist falsch. Chronisten vergangener Jahrhunderte berichten, dass die Frauen es liebten, gerade hier ihren Reichtum zur Schau zu stellen. Ein spätes Erbe dieser Prunksucht ist wohl die Angewohnheit heutiger Besucherinnen, ihr Schminkköfferchen ins Hammam mitzubringen. Es enthält zwar vorwiegend moderne Kosmetika, daneben jedoch immer noch allerlei nach alten Rezepten hergestellte Pasten, Salben und Duftessenzen – die unverzichtbare Augenschminke *kohl* zum Beispiel, die mit Orangen- oder Rosenwasser versetzte Tonerde *tfal*, die man auf die Haare aufträgt, und *henna*, das meist rote Farbpulver, mit dem man sie hinterher färbt.

Körperliche und seelische Reinheit, beides ist im Islam von größter Bedeutung. »Oh ihr Gläubigen«, befiehlt der Koran, »wenn ihr euch zum Gebet anschickt, dann wascht euer Gesicht, eure Hände bis zum Ellbogen und reibt nass eure Köpfe, und eure Füße bis an die Knöchel.« Diese »kleine« Waschung ist täglich zu den fünf Gebetszeiten vorzunehmen. In Fällen gröberer Verunreinigung freilich genügt sie nicht. Nach einem Beischlaf, nach Krankheit und tunlichst vor dem Besuch der Freitagsmoschee hat der ganze Körper »vom Schopfhaar bis zum kleinen Zeh« gereinigt zu werden. Für diese »große« Waschung stand und steht den Gläubigen in den Altstadtquartieren das Hammam zur Verfügung, eine Einrichtung, die neben den hygienischen Bedürfnissen eben auch den sozialen auf ideale Weise entgegenkommt. Seit freilich immer mehr Menschen ein Badezimmer – und einen Fernsehapparat – ihr Eigen nennen, ist die Zahl seiner Besucher beständig am Schrumpfen.

Dennoch: Ein paar dieser steinernen Zeugnisse hoher Alltagskultur kann man auch in Marokko noch in fast jedem historischen Stadtkern finden. Sie stehen für jedermann, gleichgültig welcher Konfession er angehört, offen. Ihre behaglich-schummrige Atmosphäre bildet das genaue Gegenteil zu jener puritanischen Sportlichkeit, die in unseren lichten europäischen Schwimmhallen und Wellness-Landschaften zu Hause ist.

Frisch gebadet haben wir das Quartier Chouara, das Viertel der Ledergerber und -färber, angesteuert. Die Männer hier sehen aus wie barbarische Gesellen, Bewohner des innersten Höllenkreises in Dantes »Göttlicher Komödie«. Halbnackt und mit blutroten Waden waten sie in gekachelten Bassins und durchtränken ihre Ware mit leuchtenden Farben. Maultiere, jene mietbaren Lastentaxis, von denen es in der *medina* angeblich dreißigtausend gibt, schleppen ständig neue Balge heran – roh gegerbte, die unten am Fluss eben erst vom Fleisch der Schafe, Rinder und Ziegen geschnitten wurden und noch nach Tod stinken. Dreitausend Ziegen- und bis zu sechstausend Rinderhäute werden in Fès täglich gefärbt, nachdem sie zuvor tagelang erst in einer Kalklauge, hierauf in einem mit Schwefelsäure und Meersalz versetzten Wasserbad und schließlich in einem Gemisch aus Öl und Gerbstoffen, vornehmlich Chromalaun, eingeweicht gelegen sind. Dreißig Prozent der Lederhandwerker Marokkos arbeiten, in Kooperativen organisiert, in dieser Stadt und schuften vom frühen Morgen an zehn, zwölf Stunden pro Tag, sechs Tage die Woche. Weil sie den ganzen Tag über in den Bottichen stünden, erklärt uns ein Mann in einer der raren Arbeitspausen, sei es unmöglich, nach Feierabend die Farbe und den Gestank von der Haut zu kriegen. »Keiner von uns kann es sich leisten, krank zu werden oder sich zu verletzen, denn keiner besitzt Ersparnisse, geschweige denn eine Versicherung. Die meisten von uns haben hier als Halbwüchsige zu arbeiten begonnen. Und wir werden dies tun, bis wir nicht mehr können. Das war schon bei unseren Vätern und Großvätern so und wird auch für unsere Söhne so sein.« Die Gerber und Färber sind Schleusenmeister. Durch verschlungene Kanäle lassen sie die bunten Brühen ab- und frisches Wasser einlaufen. Der gängigste Farbton ist das aus Krapp oder Cochenilles, Schildläusen, gewonnene Rot. Manchmal wird das Wasser mit Indigo, Antimon oder Färberdistel versetzt. Dann ist das Abwasser blau, schwarz oder gelb. Hat die Farbe die Felle durchdrungen, werden sie, während die Männer am Brunnen wieder einmal vergeblich versuchen, ihre Berufsschminke und den pestilenzartigen Verwesungsgeruch aus den Poren zu reiben, auf den angrenzenden Dächern zum Trocknen auf Stroh gebreitet.

Von den Gerbern und Färbern ist es nicht weit zu den Fleischern, Obst- und Gemüsehändlern. Die Hinterseiten der Läden sind dort, wie überall im Basar, schmutzig und bucklig. Doch ihre Vorderfronten sind sauber und üppig drapiert. Bilden Universität und Moschee Herz und Hirn der *medina*, so ist das Viertel der Lebensmittelhändler ihr Hängebauch. Er ist mit begehrenswerten Dingen gefüllt: Datteln, Kaktusfeigen, Nüsse, Granatäpfel – vielfältigste Früchte von den Feldern der Umgebung locken in turmhohen Arrangements. Okra-Schoten und *Feqqous*-Gurken, *gombos*, Zucchini und Auberginen stapeln sich in unüberbietbarer Frische. Kurioses Meeresgetier verspricht lukullische Wonnen. In den Metzgerläden harren halbe Lämmer und noch lebende Hühner ihrer Verarbeitung zu *couscous d'agneau* und *tajine*. Unsäglich geile, häufig mit Sirup übergossene Torten, Cremes und Biskuits lehren den Speichel das Fließen und die Galle das Fürchten. Kräuter und die allgegenwärtige Minze verströmen, zu riesigen Haufen gebündelt, balsamische Düfte. Und zum Drüberstreuen preisen Gewürzhändler ihre Blüten, Rinden und Wurzeln an. Die exotischsten Speisepläne lassen sich hier erdenken. Und wer anfangs geplant hat, partout nichts zu kaufen, besinne sich lieber eines Besseren: So wird er sich, wenn er später den unvermeidlichen, am Wegrand verabreichten Kostproben erliegt, nicht als charakterschwach fühlen.

Die Heilkraft der Toten

Auf der Suche nach segensreichen Energien

Im verwinkelten Herzen von Fès el Bali stoßen wir auf eines der vierzehn Tore der Karaouine-Moschee. Sie stellte gemeinsam mit der gleichnamigen Universität noch vor wenigen Jahrzehnten das intellektuelle Zentrum des Landes dar. Um das Jahr 860 von einer gewissen Fatma bent Mohammed el Feheri, der Tochter eines Einwanderers aus Kairouan, gegründet, ist sie eines der ältesten Lehrinstitute der Welt. Älter als die berühmte Al-Azhar in Kairo, älter als die Zeituna in Tunis. Gar nicht zu reden von den um Jahrhunderte jüngeren Universitäten in Paris und Bologna, Salamanca, Oxford oder Prag. Ibn Battuta, Leo Africanus und El Bitruji alias Alpetragius haben hier gelernt und gelehrt. Um 1400 wirkte an ihr der berühmte Historiker Ibn Khaldun, der mit seiner dreibändigen Universalgeschichte das erste Werk der modernen, rationalen Geschichtsschreibung schuf. Und schon kurz vor der Jahrtausendwende soll hier ein gewisser Gerbert von Aurillac jenes Dezimalsystem mit den arabischen Ziffern samt der Null kennengelernt haben, das er später als Papst Silvester II. in Europa einführte. Wie zu fast allen Moscheen im Land ist uns Nichtmuslimen auch zu dieser der Zutritt verwehrt. Ein verstohlener Blick durch das Tor in den Hof steigert das Bedauern. Mit seinen von fein ziselierten Marmorsäulen getragenen Waschpavillons erinnert er an den Löwenhof der Alhambra in Granada. Nur wenige Schritte entfernt liegt die Grabstätte, die *zaouia*, von Moulay Idriss II., dem als heilig verehrten angeblichen Gründer von Fès. Die Gassen rund um sie gelten als *horm*, als geweiht. In Kopfhöhe sind hölzerne Querbalken montiert, die unreine Reittiere abhalten, Passanten zur Verneigung zwingen und jedermann signalisieren, dass er einen besonderen Bezirk betritt. In den rechtwinkeligen Gassen der angrenzenden *kaiseriya*, dem überdachten und versperrbaren Kernbezirk des Basars, werden vor allem Korane und Kerzen, Gebetsketten, Duftstoffe und diverse Devotionalien verkauft. Den ganzen Tag über strömen Gläubige herbei. An der Außenfassade des Heiligtums, gleich neben seinem prächtig verzierten Holzportal, finden sie eine Kupferplatte mit einem Loch, in das sie ihre Hände legen und Münzen werfen, um ein wenig von der *baraka*, dem Segen des Verehrten, zu erlangen.

Was den Glauben der Marokkaner betrifft, gilt es, zwei Bereiche zu unterscheiden: die auf dem Koran beruhende *scharia*, die offizielle, strenge Gesetzesreligion des Islam, und die von weiten Teilen des Volkes mit leidenschaftlicher Hingabe praktizierte Volksfrömmigkeit. Letztere hat ihre Wurzeln in einem »heidnischen« Animismus, den die Berber in den von den Arabern aus dem Osten importierten Islam einbrachten und der auch gegenwärtig noch eine wichtige Rolle spielt. Im Zentrum dieser Glaubenswelt steht die Verehrung der »von Gott Trunkenen«, der *aguram*, wie sie in der Berbersprache heißen. Es sind heilige Männer (und gelegentlich auch Frauen), die, so die Vorstellung, von Gott mit einer besonderen Geisteskraft bedacht wurden. Diese persönliche Kraft wird – durch Handauflegen oder auch Anspucken – über die Jahrhunderte von Meister zu Meister weitergegeben. Das anfängliche Wirken einzelner charismatischer Gestalten wuchs, ähnlich wie im Mönchswesen des Christentums, rasch zu einer Bewegung an. Diese, *tasawwuf* oder Sufismus genannt, ist in Form zahlreicher Bruderschaften bis heute lebendig. Ihre Anhänger pflegen sich unter Leitung von Ordensscheichs regelmäßig zu versammeln, um unter Ausübung mystischer Rituale Gott näher zu kommen.

Ganz Marokko ist von weiß getünchten Kuppelbauten, sogenannten *marabouts*, übersät. Sie markieren die Gräber oder Wirkstätten der weisen Gottessucher und gelten als »heilige« Orte, deren spirituelle Energie Schutz bietet und alle nur erdenklichen Alltagsprobleme lösen hilft. Dementsprechend vertrauensvoll pilgert man bei Bedarf zu »seinem« Schutzheiligen. Und einmal im Jahr wird ihm zu Ehren ein *moussem*, eine Wallfahrt samt anschließendem Fest, veranstaltet. Mittelpunkt dieses über das Land gespannten, magischen Kraftnetzes, das die Seele des Volkes zugleich gefangen hält und ihr Halt gibt, ist Fès. Dies hänge, erklärt uns Faouzi Skali, mit dem Reichsgründer Moulay Idris I. zusammen. Faouzi ist Ethnologe und Gründer des »Festivals für Sakralmusik«, das seit 1993 jeden Sommer in Fès stattfindet und alle Traditionen der drei großen monotheistischen Religionen einbindet. Und er ist ein wandelndes Lexikon, was die Geschichte des Sufismus sowie seiner Heimatstadt betrifft. Weshalb er 2007 zusätzlich auch ein »Festival der sufischen Kultur« ins Leben gerufen hat. Idris I., so hören wir, sei hier als Flüchtling aus dem Osten von Berbern aufgenommen worden, habe eine Berberin geheiratet und mit ihr jenen Sohn gezeugt, der dann in einer Talsenke des Oued Sebou die erste islamische Stadt auf marokkanischem Boden gründete. Dieser Idris II. habe, als er den Grundstein für Fès legte, ein Gebet gesprochen, das bis heute berühmt sei: »Du weißt«, soll er zu Gott gesagt haben, »ich baute diese Stadt nicht aus Eitelkeit, aus Wunsch nach Ruhm, sondern weil ich will, dass sie ein Ort ist, an dem du verehrt wirst. Und ein Ort des Friedens zwischen seinen Bewohnern.«

Gut fünfhundert Jahre nach diesen Worten geschah das große Wunder: Bei Grabungsarbeiten wurde der angeblich unversehrte Körper des Gründers gefunden, was der Stadt eine enorme zusätzliche Heiligkeit verlieh und letztlich dazu führte, dass bis heute alle marokkanischen Bruderschaften in Fès vertreten sind. »Der Sufismus«, schmunzelt Faouzi, »ist sehr eigenartig. Er kennt keinerlei Doktrinen. Er basiert auch nicht vorrangig auf Wissen.« Es sei möglich, nichts über die äußere Welt zu wissen und dennoch ein großer Weiser und Heiliger zu sein.

Die riesigen Friedhöfe auf den Hügeln rund um Fès bilden einen regelrechten Gräberkranz (islamische Grabstätten werden im Unterschied zu christlichen nie aufgelassen). Und auch die Stadt selbst ist mit segenspendenden Energiepunkten gespickt. Ein altes Sprichwort sagt: »Es gibt in Fès keine Elle Boden, die nicht von einem Heiligen bewohnt wäre.« Das Reich der Toten ist mächtiger als das der Lebenden. An einem Freitag, dem muslimischen Sonntag, steigen wir vormittags an der Südseite der Altstadt zum Friedhof Bab Ftouh hoch. Wir tauchen in ein Meer aus weiß gestrichenen Grabsteinen, das mehrere Hügel bedeckt. Im Islam gilt Weiß als Farbe der Trauer. Es herrscht reges Kommen und Gehen. Die Besucher beten, manche singen. Ein Begleiter klärt uns auf, dass man hierzulande, statt wie in Europa Blumen auf den Friedhof zu bringen, kleine Pakete aus Brot, Datteln und Feigen schnürt und diese im Namen des toten Verwandten einem Armen überreicht. Und Arme pflegen einander zum selben Anlass symbolisch eine Flasche Wasser zu schenken. Das Begräbnis übrigens findet sowohl bei Arabern als auch bei Berbern immer am Tag des Todes statt. Der Leichenwäscher liest zuerst einige Suren aus dem Koran, dann wäscht er den Verstorbenen mit Rosenwasser und verbrennt des Wohlgeruchs wegen Sandelholz. Schließlich verstopft er mit Baumwolle sämtliche Körperöffnungen, damit keine *djinnen*, keine bösen Geister, in den Toten fahren können. Im Anschluss wird für hundertvierzig Tage Trauer getragen.

Von den Hängen vis-à-vis, im Norden der Stadt, leuchten die Gräber der Meriniden-Nekropole herüber. In unserer Nähe steigen aus den Brennöfen des Töpferviertels wie jeden Tag auch heute bedrohlich schwarze Rauchwolken in den

Himmel. Was jedes Mal von Neuem fasziniert: wie unmittelbar hier im Osten hinter den mittelalterlichen Mauern die Stadt endet und die bukolischen Obst- und Olivenhaine beginnen.

Wir begegnen, wie später auch in der *kasbah* von Rabat, auf öffentlichen Plätzen und in Parkanlagen von Fès Studenten, die lernend auf und ab promenieren. Eines Abends kommen wir mit Azzedine, einem angehenden Juristen, ins Gespräch. Nach anfänglichem Zögern schüttet er uns bei mehreren Gläsern Minztee sein Herz aus. Nächstes Jahr, so hören wir, werde er sein Studium abschließen. Doch statt darüber froh zu sein, fürchte er sich vor der Zukunft. Denn nicht nur Ungebildeten und Versagern drohe heute ein arbeitsloses Dasein, sondern auch Abiturienten und Absolventen der Universität.

Rund dreihunderttausend junge Marokkaner beenden jedes Jahr ihre Ausbildung, doch nur ein Drittel von ihnen findet einen Job. Mittlerweile gibt es mehr als zweihunderttausend Arbeitslose mit Hochschulabschluss. Der Grund? Die Gewerkschaft wirft den reichen Einheimischen vor, statt in die produktive Wirtschaft lieber in Immobilien zu investieren. Tatsache ist, dass mehr Betriebe im Land von ausländischen Unternehmen als von Marokkanern gegründet werden. Zudem spart der Staat, vom Internationalen Währungsfonds dazu angehalten, seit Jahren massiv Stellen ein. Ein weiteres Problem, klagt Azzedine, sei die allgegenwärtige Korruption. Examenstexte würden häufig verkauft und Lehrer bestochen. Wer einen Staatsposten wolle, müsse nicht nur einen Mächtigen kennen, sondern auch über die entsprechende Bestechungssumme, das *bakschisch*, verfügen. So würden Arbeitnehmer zu abhängigen Bittstellern. Die Qualität der Ausbildung und der Glaube an ihren Sinn sinke beständig. In die Schule? Wozu? Die Oberschicht schickt ihre Kinder in französische oder amerikanische Privatschulen. Vom Gros der Schulpflichtigen jedoch wird ein beträchtlicher Teil de facto nicht unterrichtet. Schon König Hassan II. höchstpersönlich hat kurz vor seinem Tod im Sommer 1999 bei seiner Fernsehrede zum Fest der Jugend das Thema Bildung angesprochen und damit den dringenden Handlungsbedarf eingestanden, an dem sich bis heute nicht viel geändert hat. Dazu zwei aktuelle Kennzahlen: Das Durchschnittsalter liegt bei achtundzwanzig Jahren und die Jugendarbeitslosigkeit seit Jahren nur knapp unter zwanzig Prozent.

Die Unterentwicklung des Erziehungssystems bringt aber noch ein zweites Problem mit sich: Schon in den neunziger Jahren war in den Zeitungen mehrmals von Unruhen an Universitäten zu lesen. In Fès hatte es sogar Tote gegeben. Als Anstifter wurden stets die Integristen, wie die radikalen Islamkämpfer hierzulande heißen, genannt. Drohen in Marokko terroristische Umtriebe? Unterschwellig spürt man in vielen Gesprächen die Sorge. Die Fundamentalisten, heißt es, dächten langfristig und infiltrierten schon seit Längerem erfolgreich die wichtigsten Freiräume der Gesellschaft – die Schulen, Universitäten und Armenviertel in den Städten. Immer wieder gelänge es etwa gewissen Gruppierungen, durch Streiks, Demonstrationen und Prüfungsboykotte den Lehrbetrieb zu torpedieren. Bei manchen Schüler- und Studentenprotesten, wie etwa jenen in Fès im Frühjahr 2017, kommen die Demonstranten allerdings erwiesenermaßen aus dem eher linken, jedenfalls säkularen Milieu und beklagen ganz ohne religiöse Agenda die schlechten Zustände im Bildungswesen und allgemein die Perspektivlosigkeit.

»Marokko ist das einzige Land des arabischen Raums, das nie von den Osmanen erobert wurde«, legt uns später ein Dozent dar. »Obwohl wir stets auch stark von Afrika beeinflusst waren, ist uns doch Europa nahe. Wir blicken auf eine lange Geschichte der religiösen Toleranz zurück. Am Ende des Zweiten Weltkriegs etwa lebten dreihunderttausend Juden im Land. Mohammed V . hat sie bis zuletzt standhaft vor der Verfolgung durch die Nazis geschützt.« Dank der langen Tradition als mehr oder weniger unabhängiges Königreich sei, so war nach den verheerenden Attentaten im Jahr 2003 und ist seither immer wieder zu hören, der Boden für religiöse Demagogen in Marokko weniger fruchtbar als etwa in Algerien, das über Jahrhunderte von fremden Mächten besetzt war und darob seine kulturellen Wurzeln vergaß.

Eine zentrale Rolle spielen stets die Könige, die es bislang verstanden, neben ihrer politischen auch die religiös-moralische Autorität zu wahren. Als *scherifen*, also angeblich direkte Nachkommen des Propheten Mohammed, deren Dynastie auf eine nun schon über dreihundertjährige Herrschaft zurückblickt, sind sie zugleich *amir al mouminine* – Führer der Gläubigen von Gottes Gnaden – als auch *malik*, König, und moderner Staatschef. Als etwa 1979 Khomeini im Iran die Macht übernahm und sich eine Radikalisierung der islamischen Welt anbahnte, übernahm Hassan II. flugs den Vorsitz im »Internationalen Komitee Al Qods«, dessen erklärtes Ziel die Befreiung Jerusalems von den israelischen Besatzern ist. Kurz darauf richtete er einen »Hohen Rat der Ulema«, der islamischen Gelehrten, ein, der ihn in der Folge beriet und nunmehr auch seinen Sohn, Mohammed VI., in allen Glaubensfragen berät und gemeinsam mit dessen lokalen Vertretern ein dichtes Netzwerk loyaler Religionshüter bildet. Vielgesichtig wie auf den allüberall präsenten Konterfeis, für die er mal in der Moschee im Burnus betend, mal als Golfspieler oder als Staatsmann im Nadelstreif posierte, war Hassan II. seit seiner Thronbesteigung 1961 der Übervater für alle Landeskinder gewesen – für den Bauern im Berberdorf ebenso wie für den handybewehrten Businessman in Casablanca. Eine Rolle, die sein Nachfolger 1999, damals sechsunddreißigjährig, nahtlos übernommen hat und seither, freilich auf seine persönliche, zeitgemäße Weise, als noch junger Monarch am Beginn des dritten Jahrtausends, ausfüllt.

Zwischenruf: Reisen als politischer Akt

Antworten auf eine Gewissensfrage am Beispiel Marokkos

Das Selbstverständnis war in den Grundfesten erschüttert: Als am 16. Mai 2003 in Casablanca fünf Bomben explodierten, verloren nicht nur vierzig Menschen ihr Leben, sondern auch die überwältigende Mehrheit der dreißig Millionen Marokkaner in gewissem Sinne den Glauben an sich selbst. Bis dahin hatten sie sich immun gewähnt gegen den gewalttätigen Islamismus und diesbezügliche ausländische Einflüsse – geschützt durch die jahrhundertealte Tradition eines toleranten Islam und auch den speziellen Status ihres Königs, der die Rolle des weltlichen und des religiösen Oberhaupts in sich vereint. Gewiss, wache Beobachter warnen seit Langem mit Recht, dass die enorme Kluft zwischen Arm und Reich sozialen Sprengstoff birgt. Auch manche Hoffnungen, Mohammed VI., der junge Herrscher, würde im Gegensatz zu seinem autokratischen Vater im Nu und nachdrücklich Verbesserungen bewirken, haben sich bislang zumindest nicht so nachhaltig erfüllt, wie von manchen erhofft. Doch dass Regierung und König die heikle Gratwanderung zwischen Traditionalismus und Modernität alles in allem mit beachtlichem Geschick meistern, ihre Außenpolitik gemäßigt-pragmatisch, die Parlamentswahlen weitgehend fair, die kulturelle Vielfalt groß, das Zusammenleben mit der jüdischen und der christlichen Minderheit überwiegend friedsam und die Bemühungen zur Hebung des Status der Frau ernsthaft sind, kurz: die Elite des Landes sich im wesentlichen westlicher Liberalität verpflichtet fühlt, ist unbestritten.

Nun aber, nach der Zäsur vom 16. Mai 2003, den die Marokkaner tief geschockt ihren 11. September nennen, schien alles anders. Nun hatte auch hier ein sehr minoritärer, religiös verbrämter Islamismus seine obskure Absicht offenbart, eine prinzipiell offene Gesellschaft zurück ins geistige Frühmittelalter zu bomben – eine bittere Erfahrung, wie sie zuvor schon Ägypten und Bali, Kenia und Tunesien erleiden mussten und in der Folge bekanntlich auch viele Städte in Europa, von London und Madrid bis Paris, Brüssel, Nizza, Manchester und Berlin.

Wie in jenen Urlaubsländern zielten auch in Casablanca die Selbstmordattentäter auf die tragende Säule der Wirtschaft: Der Tourismus ist für Marokko noch vor den Überweisungen seiner Emigranten und dem Phosphatabbau Devisenbringer Nummer eins. Er sichert indirekt rund eine Million Arbeitsplätze. Und seine Bedeutung ist in den letzten Jahren noch rapide gewachsen. Binnen nur zweier Jahrzehnte ist dank eines mit Milliarden von Dollars budgetierten Masterplans die Zahl der jährlichen Auslandsgäste von knapp drei (1997) auf mehr als elf Millionen (2017), die der Betten von landesweit hunderttausend auf weit über dreihunderttausend angewachsen. Entlang der Küste sind mehrere riesige Baderesorts, und in den vier Königsstädten etliche neue, ausgedehnte Hotelbezirke entstanden. Und auch die Angebotspalette für Individualisten, vom Trekking und Mountainbiking im Hohen Atlas über Kameltouren durch die Sahara bis zum Golfurlaub und der Thalassotherapie, erfährt ständig Erweiterungen. Angesichts solcher Dynamik tritt das krude Kalkül der Attentäter und ihrer Hintermänner klar zutage: Urlauber und Investoren aus dem Westen sollen abgeschreckt, die Volkswirtschaft geschädigt und letztlich das politische System destabilisiert werden.

Die akute Krise in Form von Buchungsstornierungen und Investmentstopps hatte sich seinerzeit schon wenige Monate nach den Anschlägen wieder halbwegs gelegt. Doch weiter reichende Fragen blieben bestehen; und sind angesichts der unbestreitbaren Tatsache, dass infolge von Armut und Perspektivlosigkeit auch unter Marokkos Jugend ein radikaler Untergrund existiert, der jihadistischen Organisationen wie der Terrormiliz IS über die Jahre viel Personal geliefert hat, nach wie vor aktuell: Wie ist grundsätzlich der terroristischen Herausforderung zu begegnen? Wie als Urlauber zu reagieren? Muss man Länder wie Marokko, ja Nord- und Ostafrika, den Nahen und Mittleren Osten insgesamt künftig meiden? Es gilt, einfache Antworten zu verweigern. Die Attacken als unglückselige Einzelfälle abzutun und auf das kurze Gedächtnis der Urlauber zu bauen, greift zu kurz. Selbstverständlich hatten die Behörden die obligaten Maßnahmen – Razzien, Festnahmen, Predigtverbote und in der Folge Exekutionen beziehungsweise lange Haftstrafen – ergriffen. In Casablanca gingen Hunderttausende Demokraten gegen die Gewalt auf die Straße. Und um den Islamisten mittelfristig den Nährboden für ihre klassenkämpferischen Hetzen zu entziehen, wurden plötzlich – spät, aber doch – allenthalben soziale Wohnbauprogramme und Alphabetisierungskampagnen gestartet.

Objektiv ist Marokko so gefahrlos zu bereisen wie eh und je, ein Abendbummel durch die Basare von Fès oder Marrakesch ungleich sicherer als durch viele europäische Metropolen. Wüstentouren bergen, anders als im benachbarten Algerien, von Niger, Mali, Mauretanien oder gar Libyen ganz zu schweigen, weiterhin keine politischen Tücken. Und dank des Einschreitens der Tourismuspolizei hat man selbst das früher überaus lästige Problem mit jenen Halbwüchsigen, die sich vielerorts als illegale Führer anbiederten, halbwegs in den Griff bekommen. Das eigentliche Dilemma liegt anderswo: in der unterschwelligen Angst ahnungsloser Urlauber. Der Orient leidet unter einem Imageproblem.

Laut immer wieder vorgenommenen Analysen betrachtet mittlerweile die Hälfte der deutschsprachigen Touristen ihre persönliche Sicherheit noch vor dem Preis-Leistungs-Verhältnis als wichtigstes Kriterium für die Wahl ihres Zielgebiets. Diese Tatsache vonseiten der Veranstalter totzuschweigen, führt zu nichts. Vielmehr verlangt die Situation Ehrlichkeit und Transparenz. Hundertprozentige

Sicherheit kann trotz strengster Vorkehrungen niemand irgendwo garantieren. Zumal die Terrorismuswelle nicht so bald verebben, sondern, so steht zu befürchten, eher noch anschwellen wird. Warum also nicht aus der Not eine Tugend machen?

Unser Konsumverhalten, ob im Supermarkt, beim Möbelhändler oder an der Tankstelle, ist längst von gesellschaftspolitischen Haltungen geprägt. Sollten sich da nicht auch die Kunden der Tourismusindustrie sensibilisieren lassen? Das Reisen hat seine Unschuld verloren. Jede Buchung impliziert zusehends auch Gesinnung. Und wer in politisch turbulenten Zeiten seinen Urlaub in einem Land jenseits des Mittelmeeres verbringt, setzt ein Zeichen – gegen die Kultur des Hasses und der Angst, für Völkerverständigung, Weltoffenheit und die Solidarität mit Menschen, die sich redlich um ein Fortkommen auf dem Weg der Entwicklung mühen.

Ausflug an den Rand der Zeit

Zu Besuch bei den Berbern im Rif-Gebirge

Abdellatif, ein Berber und Freund aus Fès, hat versprochen, uns das Heimatdorf seiner Eltern zu zeigen. Wir fahren nordwärts, ins Rif-Gebirge. Auf jener Straße, die junge Freiwillige gleich nach der Unabhängigkeit in einem Sondereinsatz erbaut haben, um diesen abgelegenen Landesteil zu erschließen. Die Gegend ist fruchtbar und sehr naturbelassen. Weizen-, Mais- und Hirsefelder säumen den Weg, und zuweilen sehr steile, terrassierte, mit Olivenbäumen bepflanzte Hügel. Fast jedes Hausdach trägt ein Storchennest. Immer wieder überholen wir Frauen, die, unter dem Gewicht wankend, riesige Bündel Brennholz nach Hause schleppen. Auch auf den Feldern arbeiten fast ausschließlich Frauen. Stellenweise sehen wir vom Auto aus *Kif*-Plantagen. Jetzt im Frühjahr leuchten sie in zartem Grün. Vor der Ernte, im Hochsommer, werden sie hellgelb sein. *Kif*, also Haschisch, wird im Rif-Gebirge insgesamt auf einer Fläche von rund zweihundertfünfzigtausend Hektar angebaut. Einige Male passieren wir Straßensperren. Uniformierte durchsuchen die Autos nach Drogen. »Kontrolle mit Löchern!«, schmunzelt unser Freund. Polizisten sind in Marokko miserabel entlohnt und die Zufahrtsstraßen ins Rif-Gebirge begehrte Einsatzgebiete.

Kurz vor Taounate zweigen wir auf eine Piste ab. Der Boden ist holprig, von breiten Rissen durchzogen. Es sieht so aus, als würde auch dieses Jahr, wie so viele in der letzten Zeit, wieder eine Dürreperiode bringen. Die Familie unseres Freundes heißt uns herzlich willkommen. Die Mädchen des Hauses küssen uns, wie es die Sitte will, scheu die Hand. Dann huschen sie in die Küche, um das Frühstück zu bereiten. Das Oberhaupt der Familie führt uns derweil durch das Dorf. Fünfzehn Familien leben hier. Ungefähr hundertfünfzig Menschen. Obwohl in Sichtweite die Hochspannungsleitung zwischen Fès und der Küste vorbeiführt, verfügt die Siedlung über keinen Stromanschluss. Wir sehen keine einzige Maschine – keinen Generator, kein Fahrzeug, kein Fernsehen oder Radio. Es gibt keine Post (dazu fehlte es an einer Adresse) und auch keinen Brunnen. Die Frauen müssen täglich zweimal in halbstündigem Fußmarsch aus den Hügeln der Umgebung mit Mauleseln und Kanistern Wasser holen. Niemand hier zahlt Steuern, und seit der Staat junge Männer nicht mehr zwangsweise für das Militär rekrutiert, weil er ein Berufsheer unterhält, kommt auch so gut wie nie Polizei ins Dorf. Geld brauchen die Menschen nur für den Wochenmarkt, zum Kauf von Gewand, Vieh, Tee oder Zucker. Im Alltag ist die Gemeinschaft autark. Einzige Verdienstquelle für die Familie ist, abgesehen von der kärglichen Landwirtschaft, die Holzschnitzerei. Einmal im Monat wird ein Maulesel bepackt und die Ware achtzig Kilometer weit auf den Basar von Fès zum Weiterverkauf gebracht.

Dann werden wir dem Scheich vorgestellt. Er ist von den Dorfbewohnern – Männern und Frauen – durch Wahl bestimmt und wird von allen, auch von den Jungen, respektiert. So kann er die meisten Konflikte regeln. Der staatliche Richter wird nur ausnahmsweise, bei Blutsverbrechen oder Verkehrsunfällen, gebraucht. Der Scheich hat zwei Ehefrauen, die dritte ist unlängst gestorben. Die beiden bewohnen gemeinsam mit ihren Kindern ein und denselben Raum. Weiters besitzt er einen Esel, eine Kuh, drei Ziegen und etliche Hühner.

Später hocken wir im Hof des Anwesens auf einem Teppich. Das Gastmahl ist denkbar schlicht und köstlich: Hirsebrot, Oliven, aus grünen Oliven frisch gepresstes Öl und Minztee. Der Hausherr erzählt uns stolz, er sei zweiundsechzig und habe elf Kinder. Fünf weitere seien in frühen Jahren gestorben. Woran? Das wisse er nicht. Impfungen? Die seien zu teuer und ohnehin unnütz. Werde ein Kind krank, sterbe es eben. »Allah«, sagt er, »gibt, Allah nimmt.« Auf die Frage nach den Zukunftsplänen des Nachwuchses meint er, die Mädchen würden bald verheiratet. In die Schule schickt er sie nicht. Wozu auch? Die Burschen beteuern, nicht in die Stadt gehen, sondern im Dorf bleiben zu wollen. Hier sei es schöner, gebe es keinen Lärm, keinen Schmutz. Hier, strahlen sie uns an, fänden sie Ruhe und Zufriedenheit. Außerdem: Wer solle sich sonst um die Alten kümmern? In den Dörfern gibt es keinerlei Kranken- und Pensionsvorsorge. Als Versicherung dient die jeweils nächstfolgende Generation. Respekt vor dem Alter ist ein Grundgebot. »Die Schmerzen der Mütter bei der Geburt«, gibt unser Freund zu bedenken, »sind ein Leben lang durch nichts aufzuwiegen«.

Ja, die Mütter! Seine sei ungefähr siebzig, erzählt Abdellatif. Er sage ungefähr, weil ihre genauen Geburtsdaten, wie die vieler Frauen ihrer Generation, unbekannt seien. In manchen kleinen, entlegenen Dörfern sind die Menschen bis heute behördlich nicht richtig erfasst, haben oft nicht mal einen Personalausweis. Sein Vater übrigens ist hundertundvier. Hat sein Geld früher mit dem Schnitzen von Holzpflügen verdient. Und dann wird Abdellatif grundsätzlich, spricht allgemeiner von den Berbern, deren Zahl er in Marokko auf ebenso hoch schätzt wie die der vor allem in den Städten ansässigen Araber. Er erzählt von den drei ethnischen Gruppen, in die sie sich, grob gesprochen, gliedern: den Sleuh, die, heute überwiegend als sesshafte Bauern, im westlichen Hohen und im Anti-Atlas, in der Sous-Ebene und in den Tälern des Südens am Rand der Sahara leben; den Berabern, die als ziegen- und schafzüchtende Halbnomaden im östlichen Hohen und Mittleren Atlas heimisch sind; und den Rif-Berbern, die im gleichnamigen Gebirge ihre Felder bestellen. Von deren unterschiedlichen Physiognomien spricht er, den hie blauen, da hellbraunen und dort grünen Augen, den mal schmalen, mal breiten, ja quadratischen Gesichtern. Und von den drei großen Sprachgruppen, dem Tarifi der Rif-Berber, dem Tamazirt der Beraber, dem Tachelhait der Sleuh, und von den mehreren tausend Berberdialekten, die sich teilweise so stark wie Deutsch von Holländisch oder Italienisch von Spanisch unterscheiden. Wichtiger scheinen ihm freilich die Gemeinsamkeiten der Berber. Die Tatsache etwa, dass traditionsbewusste Männer bis heute allesamt Turbane tragen und die Frauen im Gegensatz zu den Araberinnen keinen Schleier, sondern die *hendira*, einen mantelartigen, aus Wolle gewebten und geometrisch gemusterten Überwurf. Schließlich kommt er auf die Tätowierungen zu sprechen, die auf dem Land nach wie vor fast jede Frau auf Gesicht und Händen, manchmal auch auf Hals und Füßen trägt – als Schmuck und Glücksbringer, zum Bannen böser Geister und als eine Art lebenslanger Personalausweis, soll heißen: als Zeichen der Stammeszugehörigkeit. Ob wir wüssten, dass es dafür in jeder Familie Spezialistinnen gebe? Das seien meist ältere Frauen. Sie zeichnen das Muster mit einem Stück Kohle oder auch nur Zigarettenasche auf der Haut vor. Dann erhitzen sie eine Nadel, ritzen die Linien, bis Blut austritt. Und in das geronnene Blut der kleinen Wunden verreiben sie den Staub von Kohle oder Antimon. Es gebe, lernen wir, ungefähr zwölfhundert verschiedene Ornamente und Motivsymbole. Bei den Sleuh seien übrigens auch viele Männer um die Nase herum ein klein wenig tätowiert.

Und dann, während der Rückfahrt, taucht im Gespräch wieder die so oft gestellte Schlüsselfrage auf: Was ist die Ursache für den seit Jahrhunderten relativ statischen Zustand der Gesellschaft in der islamischen Welt? Ist es das Ausbleiben einer mit der europäischen Renaissance vergleichbaren geistig-wissenschaftlichen Erneuerung? Das Fehlen einer islamischen Aufklärung? Führten die waffentechnische Überlegenheit des Westens und der damit einhergehende Imperialismus dazu? Auch darauf hat Titus Burckhardt eine Antwort: »Die islamische Kultur«, schreibt er, »ist wie die christliche Kultur des Mittelalters auf ihren geistigen Ursprung eingestellt, während die moderne Zivilisation in die Zukunft blickt. Da der Ursprung göttlich ist und alles Nachfolgende im besten Falle nur ein Abglanz davon sein kann, wird die Welt im Großen und Ganzen niemals besser. ›Jedes Jahrhundert, das nach diesem kommt, wird schlechter als sein Vorgänger sein‹, hat der Prophet gesagt. Das weiß der gläubige Muselman, und das erklärt auch, warum die islamische Kultur in ihren späten Stadien viel weniger dynamisch ist als die rationalistische Kultur Europas, für welche nicht die Besinnung auf ewige Wahrheiten und ihre Verwirklichungen in der Seele, sondern das wissenschaftliche und technische Abenteuer den geistigen Höhepunkt des Lebens darstellt.« Und er erzählt die Geschichte eines Scheichs aus Tanger, der, als die Europäer in seiner neu besetzten Heimatstadt die elektrische Beleuchtung einführten, bemerkte: »Wenn diese Leute gezwungen würden, fünfmal am Tag zu beten, ließen sie solche Kindereien bleiben.« Womit im Grunde mehr gesagt ist als durch noch so kluge soziopolitische Analysen.

Moulay Ismails Vermächtnis

Prunk und Wahn in Meknes

Wir besichtigen die kleinste der vier Königsstädte – die Stein gewordene Geltungssucht von Moulay Ismail, dem zweiten der Alaouiten-Sultane. In einem halben Jahrhundert hat sich dieser ebenso despotische wie prunksüchtige Mann hier in Meknes von Zehntausenden Sklaven und Gefangenen einst eine monumentale Palaststadt errichten lassen. Ihr Herzstück und unsere erste Station bildet das Mausoleum des Bauherrn. Es zählt zu den schönsten Raumschöpfungen des Landes und ist eine der wenigen Sakralanlagen, die wir – mit Ausnahme des innersten Heiligtums – als Nicht-Muslime betreten dürfen. Schon die Vorhöfe und -hallen bestechen durch ihre Einheitlichkeit und Eleganz. Den eigentlichen Grabraum schmücken neben prachtvollen Mosaiken, Fayencen und Schnitzereien aus Zedernholz zwei in diesem Ambiente recht kurios wirkende Standuhren. Es sind Geschenke Ludwigs XIV. Moulay Ismail verstand sich als eine Art marokkanischer Sonnenkönig. Zu seinem Zeitgenossen und großen Vorbild in Paris unterhielt er nicht nur Handelsbeziehungen. Er bat ihn auch um die Hand seiner Tochter Anne-Marie de Bourbon und ermunterte ihn, zum Islam überzutreten. Beides allerdings, wie vorauszusehen, ohne Erfolg.

Anschließend umwandern wir die Ville Impériale. Der überwiegende Teil des riesigen, durch hohe Mauern vor neugierigen Blicken geschützten Areals wurde in einen königlichen Golfplatz verwandelt. Dank der Passion von Hassan II. für Greens und Holes hat heute noch jede Stadt des Landes, in der Ihre Majestät seinerzeit irgendwann weilte, eine solche mit der Nagelschere manikürte Rasenfläche vorzuweisen. Am Hauptportal des Dar el-Makhzen, des Königspalasts, vorbei gelangen wir zu den Heri es-Souani, den Vorratsgebäuden. Moulay Ismail litt nicht nur an Größen-, sondern auch an Verfolgungswahn. Er besaß neben seinen über fünfhundert Haremsdamen, mit denen er an die tausend leibliche Söhne gezeugt haben soll, auch eine hundertfünfzigtausendköpfige Armee. Um im Falle einer Belagerung – zu der es freilich niemals kam – deren Überleben zu sichern, ließ er diese Speicher und Ställe bauen. Ein Großteil der gigantischen Gewölbe ist beim großen Erdbeben von 1755, das Lissabon in Trümmer legte, eingestürzt. Doch auch die verbliebenen Hunderten Pfeilerarkaden aus Stampflehm und das Wasserhaus mit seiner vierzig Meter tiefen Zisterne hinterlassen gehörig Eindruck. Zwölftausend Pferde und die Verpflegung für zwei Jahre hätten hier Platz gefunden.

Von der Terrasse des darüber gelegenen Cafés schweift unser Blick über den gesamten Palastbezirk. Der fanatische Herrscher ließ seinerzeit Residenz und *medina* mit drei Mauerringen befestigen. Die Wälle sind vierzig Kilometer lang und stehen fast zur Gänze noch. Auch das angrenzende Bassin de l'Agdal, ein vier Hektar großes Wasserreservoir, blieb bestehen. Von den über dreißig Wohnpalästen hingegen sind nur noch einige wenige Ruinen erhalten. Das schönste der zwanzig Tore der Stadt ist das Bab el-Mansour. »Rosetten, Sterne, endlose Verwicklungen von durchbrochenen Linien, unvorstellbare geometrische Kombinationen, welche die Augen irreführen wie ein Denkspiel, aber die immer den geschultesten und originellsten Geschmack bezeugen, wurden dort vereinigt mit Myriaden von kleinen glasierten Tonteilchen, bald nach außen, bald nach innen gewölbt, sodass sie von Weitem die Illusion eines immer wieder durchwirkten Stoffes hervorrufen.« So hat Pierre Loti seine Wirkung beschrieben. Die Marmorsäulen, die den Monumentalbau flankieren, stammen aus den Ruinen der nahen Römerstadt Volubilis. Wir schlendern von ihm über die Place el-Hedim, jenen zentralen Platz, der Königs- und Altstadt verbindet, in die *medina*. Sie ist hübsch, überschaubar, aber keineswegs spektakulär. Herausragendstes Baudenkmal und mit ihrer harmonischen Komposition aus Zedernholz, weißem Stuck und farblich dezenten *zeliges* ein typischer Bau der Merinidenzeit ist die Medersa Bou Inania, die alte theologische Lehranstalt. Von ihrem Dach blicken wir einem ganzen Bezirk ins Dekolleté.

Auf dem Friedhof nordwestlich der *medina* ist einer der großen Mystiker des Landes, Sidi Mohammed Ben Aissa, bestattet. Er begründete den Aissaoua-Orden, von dessen Mitgliedern die Legende behauptet, sie hätten einen Pakt mit den Tieren geschlossen. Bei ihren alljährlichen Festen, den *moussems*, pflegen sie in Trance nicht nur barfuß auf glühenden Kohlen und Glasscherben zu gehen und sich mit spitzen Gegenständen Wangen und Zungen zu durchbohren, sondern auch Skorpione und Schlangen zu verzehren und das Verhalten bestimmter Tierarten nachzuahmen.

Was für ein Sonnenuntergang! Wir sind von Meknes ein halbes Stündchen durch Olivenhaine und Getreidefelder über welliges Hügelland Richtung Norden gefahren. Unser erstes Ziel war Moulay Idris gewesen, jener so überaus malerisch auf einer Kuppe des Zerhoun-Berges thronende Ort, in dem der Ahnherr des ersten marokkanischen Reiches und Vater des Gründers von Fès begraben liegt und der deshalb als wichtigstes Wallfahrtsziel des Landes gilt. Nun stehen wir auf dem Ruinengelände von Volubilis. Der letzte Touristenbus für heute hat soeben das Weite gesucht. Nur ein paar Individualisten stapfen noch bildungsbeflissen zwischen den Mauerresten umher oder verlieren sich, auf Säulenstümpfen sitzend, in geschichtsschweren Gedanken. Zum Süden hin besteht das Land bis zum fernen Horizont lediglich aus wogenden Feldern. Nur ein paar Zypressen und Pinien umrahmen das Bild. Vögel zwitschern. Ein sanfter Lufthauch streichelt die Welt. Die Schäfchenwolken am Himmel erröten. Fehlte nur noch ein Flöte spielender Hirte zum perfekten Idyll. Wären da nicht die Triumphbögen und die Säulenreihen und der Irrgarten aus Mauerresten, Gräben und teilweise sogar noch gepflasterten Straßen – man käme nicht auf die Idee, dass sich anstelle dieser bukolischen Einschicht hier einst einer der wichtigsten Stützpunkte der Römer im äußersten Südwesten ihres Riesenreiches befunden hat.

Hinter den Mauern der Macht

Rabat: Königssitz und Tor zum Westen

Rabat, das Ottawa oder Bern oder – gewaltfreie und sauberere – Washington von Marokko: mit 1,7˘Millionen Einwohnern die kleine Schwester Casablancas, aber seit 1912, als den Franzosen Fès, die bisherige Hauptstadt, zu rebellisch erschien, Sitz der Regierung und sämtlicher ausländischer Botschaften. Diese jüngste der vier Königsstädte gilt zugleich als deren modernste, grünste und mondänste. Der erste Weg führt uns auf die Kasbah des Oudaias, die auf einem Felsen zwischen Meer und Fluss gelegene Festung, an deren Stelle wehrhafte Berber schon vor der Jahrtausendwende eine Klosterburg (*ribat*) errichteten. Yacoub El Mansour, der große Anführer der Almohaden, machte sie zum Mittelpunkt seines Reiches und zum Sammelplatz seiner Truppen, die er hier einzuschiffen pflegte, auf dass sie weitere Gebiete Spaniens für den Islam eroberten. Ihr heutiger Name rührt von jenem arabischen Stamm der Oudaia, den Sultan Moulay Ismail, der Bauherr von Meknes, vor rund dreihundert Jahren zur Sicherung der Stadt hier stationierte. Das Innere der weitläufigen Anlage ziert ein andalusischer Garten. Zwischen seinen duftenden Hecken und Blumenrabatten wandeln Studenten mit Skripten in der Hand. In ihren Elternhäusern mag es ihnen an Platz und Ruhe mangeln. Hier können sie den Prüfungsstoff in Ruhe repetieren. Die Universität von Rabat ist mit rund zwanzigtausend Inskribierten die größte Hochschule des Landes. Von der Terrasse des benachbarten Café Maure schweift der Blick hinüber zu Rabats Zwillingsstadt Salé und hinab auf das heute recht verwahrloste Mündungsgebiet des Oued Bou Regreg. Im 17. und auch noch im 18. Jahrhundert stachen von dort unten regelmäßig Freibeuter in See, um im gesamten Mittelmeer und sogar vor der Küste Englands und Neufundlands Handelsschiffe aufzubringen. Die lokale, 1627 gegründete Korsarenrepublik Bou Regreg kam vor allem dank regem Sklavenhandel und Lösegelderpressungen vorübergehend zu beachtlichem Reichtum. Und die Strafexpeditionen, die die erbosten christlichen Seefahrernationen von Zeit zu Zeit gegen den Piratenstützpunkt unternahmen (und an deren einer sich sogar das habsburgische Österreich beteiligte), verliefen jedes Mal im wahrsten Sinne des Wortes im Sand, da sich die flache Flussmündung für ihre Hochseeschiffe als nicht befahrbar erwies.

Im Palast und in den Magazinräumen der *kasbah* sind zwei volkskundliche Sammlungen untergebracht. Sie zeigen kostbare Manuskripte und Bucheinbände, Teppiche und Töpferwaren, Münzen und Musikinstrumente, aber auch Kostüme aus verschiedenen Regionen. Leider sind auch hier, wie in den meisten Museen des Landes, die Exponate nur sehr unzureichend beschriftet. Vor dem Haupttor der Festung sitzt in einer Nische eine *Henna*-Malerin und verziert gegen ein kleines Entgelt Touristinnen die Hände. Natürlich hat, was sie tut, wenig mit der echten *Harqus*-Malerei zu tun, die sich traditionsbewusste, einheimische Frauen noch heute alle paar Wochen auf Hände, Füße und auch Gesicht auftragen lassen und die nicht nur dem Zeitvertreib und Schmuck dient, sondern angeblich böse Mächte bannt. Doch immerhin verwendet sie noch das echte, mit Wasser und Zitrone vermengte *Henna*-Pulver und trägt die filigranen Ornamente mit dem *kalame*, dem spitzen Hölzchen, freihändig und nicht, wie so oft üblich, mithilfe einer Schablone auf. Auch hier in Rabat frappiert das Nebeneinander von Alt und Neu, von europäischem und arabischem Ambiente. Die Altstadt ist zwar vergleichsweise klein, aber mit ihren verwinkelten Gassen und den vielen Werkstätten und Läden für Teppiche, Gewand und Schmuck, für Lederwaren und Lebensmittel so wunderbar chaotisch, wie es sich für eine *medina* gehört. Nur wenige Gehminuten entfernt, entlang des palmenbestandenen Boulevards Mohammed V, der Flaniermeile der Schickeria, treffen wir jedoch auf beinahe Pariser Elegance.

Von geradezu obszöner Großzügigkeit ist die Anlage des *mechouar*, des Regierungsbezirks. Sein fünfundvierzig Hektar großes Areal umfasst neben dem Dar El-Makhzen, dem Königspalast, unter anderem die Amtssitze des Premier- und des Religionsministers, den Obersten Gerichtshof, eine Moschee, eine Pferderennbahn, einen Golfplatz, die Kaserne der Garde und das Königliche Kollegium, an dem der König, Mohammed VI., und sein jüngerer Bruder, Moulay Rachid, ihre Ausbildung erhielten. An die zweitausend Menschen,

Palastbeamte und Mitglieder der weit verzweigten königlichen Familie, wohnen in dieser von hohen Mauern geschützten Stadt in der Stadt, die eine Aura politischer Esoterik umgibt. Ein Riesenaufgebot an Sicherheitskräften macht denn auch unmissverständlich klar, dass jeder Schritt von uns neugierigen Fremden, obgleich wir im Rahmen der offiziellen Führung ohnehin nur einen winzigen und unverfänglichen Teil des hoheitlichen Bezirks betreten dürfen, genauestens observiert wird.

Unsere nächste Besichtigungsetappe gilt dem Wahrzeichen der Stadt, dem Hassan-Turm. Yacoub El Mansour hatte in der für ihn typischen Maßlosigkeit die Errichtung der größten Moschee des Maghreb, der zweitgrößten im gesamten islamischen Raum, angeordnet. Der Gebetsraum sollte zwanzig von über vierhundert Säulen getragene Schiffe umfassen, die vierzigtausend Gläubigen, seiner gesamten Armee, Platz bieten würden. Für das Minarett war eine Höhe von achtzig Metern geplant. Mansours Tod und die Verlegung der almohadischen Residenz nach Marrakesch vereitelten die Vollendung des Projekts. Beim großen Erdbeben von 1755 stürzten die meisten fertiggestellten Moscheeteile ein. Stehen blieb, abgesehen von einzelnen Mauern, nur der halbfertige, vierundvierzig Meter hohe Turm, für den übrigens derselbe Baumeister wie für die Koutoubia in Marrakesch und die Giralda in Sevilla verantwortlich zeichnete. Ein Gutteil der Säulen wurde später wieder aufgerichtet und der Platz nachträglich fein säuberlich gepflastert. Das angrenzende Mausoleum von Mohammed V., dem geistigen Vater der marokkanischen Unabhängigkeit, in dem im Juli 1999 auch Hassan II. seine letzte Ruhe fand, ist von etwas schaler Imposanz. Gewiss, die verwendeten Materialien – vom weißen Onyx der Sarkophage über das Mahagoni der geschnitzten Kuppel bis zu den Silber- und Elfenbeinarbeiten auf den Paradiergewehren der Garde – sind vom Feinsten. Doch insgesamt wirkt das Grabgebäude, das der vietnamesische Architekt Vo Toan entwarf, reichlich eklektizistisch.

Einen denkbar großen Gegensatz zu dieser properen Stätte der Repräsentation bildet die Chellah, das südlich der Stadtmauern gelegene Gelände der antiken Siedlung Sala Colonia, auf dem rund fünfzig Generationen nach den Römern die Meriniden für einige der Ihren eine Nekropole anlegten. Das mit hohen Mauern begrenzte Areal ist von extremer Verwunschenheit. Die Ruinen sind größtenteils von meterhohem Gesträuch überwuchert. Auf den Säulenstümpfen und verwitterten Minaretten nisten Störche. In den umstehenden Bäumen hat eine vielhundertköpfige Kolonie von Kuhreihern ihr Zuhause. Das ohrenbetäubende Gekreische, der Gestank ihrer Exkremente und der zahlreichen verendeten Jungtiere verleihen der Stätte in der herrschenden frühsommerlichen Hitze etwas Bedrohliches – es ist der Verwesungshauch der Tropen. Neben einer *zaouia*, dem ehemaligen Sitz einer mystischen Bruderschaft, entdecken wir ein mit Steinen gefasstes Quellbecken. In seinem flachen, trüben Wasser schwimmen Aale. Die Tiere, erfahren wir von einem Wächter, seien heilig. Sie würden Frauen, die ihnen zu Ehren am Ufer eine

Opferkerze entzünden, zu bislang vergeblich ersehntem Kindersegen verhelfen.

Leben und beten im Weißen Haus

Casablanca: Hafenstadt als Metropole und Moloch

Rabat und Casablanca, die beiden gerade achtzig Kilometer voneinander entfernten Ballungsräume, leben in enger Symbiose. Ist dieser das politische und administrative Hirn des Landes, so ist jener das pulsierende Herz seiner Ökonomie. Drei Viertel der Industrie sind, schließt man das benachbarte Mohammedia mit ein, im Großraum Casablanca angesiedelt. Vier Fünftel der Exportgüter verlassen das Land durch seinen See- und Flughafen. Über fünfzig Prozent des marokkanischen Bruttosozialprodukts werden hier erarbeitet. Noch vor hundert Jahren zählte Dar el Beida (das »Weiße Haus«), wie der Ort auf Arabisch amtlich hieß, bevor sich die spanische Version seines Namens durchsetzte, zehntausend Einwohner. Heute sind es laut offizieller Statistik rund drei, nach inoffiziellen Schätzungen gut vier Millionen. Von dem »kolonialen« Ambiente, das der – freilich ohnehin zur Gänze in Studios gedrehte – Kultfilm »Casablanca« so eindringlich beschwört, ist nicht mehr viel übrig: In der plüschigen Pianobar des potthässlichen Hyatt Regency Hotels auf dem Platz der Vereinten Nationen hängen eine Handvoll Plakate und Standfotos von Humphrey Bogart, Ingrid Bergman, Paul Henreid und Claude Reins. Entlang des Boulevard Mohammed V, der Rue Prince Moulay Abdallah und in einigen Nebengassen haben sich aus den dreißiger Jahren, der Zeit des großen Baubooms, eine Reihe schöner Wohnhäuser erhalten, in deren Kuppeln, Türmchen, Säulen und Erkern, dem Stuckwerk, den Fayence-Fassaden und schmiedeeisernen Balkonen sich auf reizvolle Weise Elemente des Art déco und des Art nouveau, des neo-klassizistischen und des neo-maurischen Stils verbinden.

Südlich des Stadtzentrums beweist das 1923 von französischen Urbanisten angelegte Quartier Habbous, dass eine Kombination von traditioneller *medina* und modernem Städtebau möglich ist. Und in Anfa sowie draußen am Strand, in Ain Diab, den beiden Vierteln der Reichen, steht so manche extravagante, architektonisch interessante Villa. Der Rest aber ist eine gesichtslose Agglomeration von Gebäuden mit viel Stahlbeton, die sich von Jahr zu Jahr aufdringlicher und höher himmelwärts reckt, im Zentrum und in trostlosen, unaufhaltsam wuchernden Slums an der Peripherie. Rund dreitausend Moscheen gibt es angeblich im Großraum Casablanca, die informellen in den Elendsvierteln nicht mitgezählt.

Die mit Abstand prächtigste steht direkt am Meeresufer und trägt – nicht eben zufällig – den Namen des früheren Königs. La Grande Mosquée Hassan II ist das größte Gotteshaus des Maghreb, ja, nach jenem in Mekka das zweitgrößte der muslimischen Welt überhaupt. Als »Leuchtturm des Islam« soll sie von ihrem geografisch exponierten Standpunkt im äußersten Westen Afrikas aus das Licht des Propheten nach Europa und Amerika schicken. Und als Herrschermonument den Marokkanern zugleich unmissverständlich Macht und göttliche Legitimation der Monarchie vor Augen führen. Yacoub el Mansour, Moulay Ismail, Mohammed V. … die maßgeblichen Führer des Landes pflegten ihren Ruhm stets auch als Grands Batisseurs, als »große Bauherren«, zu verewigen. Mit dieser 1993 eingeweihten Moschee hat sich der Vater des heutigen Königs, dessen alaouitische Dynastie seit mehr als dreihundert Jahren – so lange wie weltweit kaum ein zweites Herrscherhaus der Gegenwart – den Thron innehat, als würdiger Erbe dieser Tradition erwiesen. Inspirieren ließ er sich für das Werk, so wird berichtet, von der elften Koransure. »Er ist's«, heißt es dort, »der erschaffen den Himmel und die Erde in sechs Tagen, und es war sein Thron auf dem Wasser, damit er euch prüfe, wer von euch an Werken der Beste wäre.«

Tatsächlich ragt ein Teil der insgesamt neun Hektar großen Anlage auf einer Plattform ins Meer. Dreihunderttausend Kubikmeter Beton und vierzigtausend Tonnen Stahl habe die französische Baufirma aufgewandt, um die Konstruktion vor Brandung und Erdbeben zu schützen, erklärt die stattliche Führerin, die uns, kopftuchverhüllt und in makellosem Englisch, durch das Gebäude eskortiert und noch weit mehr superlativische Zahlen kennt: Zweihundert Meter lang, hundert breit und sechzig hoch sei die Moschee und biete mitsamt dem Vorplatz über hunderttausend Betenden Platz. Ihre Fassaden seien mit fünfundzwanzigtausend Tonnen Marmor, Travertin und Granit belegt. Ihr Minarett recke sich auf einer nur fünfundzwanzig mal fünfundzwanzig Meter großen Grundfläche zweihundert Meter hoch in den Himmel. Und von dessen Spitze weise des Nachts aus der größten der für alle Moscheen des Landes so typischen drei goldenen Kugeln ein Laserstrahl die Richtung nach Mekka, der noch aus fünfunddreißig Kilometer Entfernung zu sehen sei. Fast noch imposanter, wenn auch ein wenig museal und unbeseelt, empfinden wir die Innenräume: Vom zwei Hektar großen, beheizbaren Fußboden, einem gigantischen Teppich aus Marmor, über die Zedernholzschnitzereien, die fünfzig riesigen Muranoluster und die *zeliges*, bis zum elfhundert Tonnen schweren Dach, das sich bei Schönwetter elektrisch öffnen lässt, war dem Bauherrn und seinem Architekten aus Frankreich offensichtlich nichts zu teuer. Im Untergeschoss bieten ein elegantes Hammam und Dutzende marmorne Lotusblumen, aus deren Blüten beständig Wasser quillt, über tausend Gläubigen die Möglichkeit, gleichzeitig ihre rituellen Reinigungen vorzunehmen.

Fünfunddreißigtausend Handwerker waren sechs Jahre lang an dem Kolossalbau beschäftigt. Wer sie bezahlte? »Die Baukosten«, hören wir, »betrugen fünf Milliarden Dirham (rund vierhundertfünfzig Millionen Euro). Den überwiegenden Teil hat die Bevölkerung gespendet.« Was wir nicht hören, ist, wie Innenminister Driss Basri 1987 landesweit in nur vierzig Tagen das Geld für den Bau auftreiben ließ: Den Beamten zog man einen Teil ihres Monatslohns ab. Freiberufler bezahlten über ihre ständischen Vertretungen, Geschäftsleute bekamen von den Gouverneuren den Befehl, bestimmte Summen abzuliefern. Und wehe dem Untertan, der die Bezahlung verweigerte. Die Händler, Handwerker und Cafétiers, so wird uns später ein Freund erzählen, stellten damals allesamt die Zertifikate, die ihre »Spendentätigkeit« bestätigten, geflissentlich in den Fenstern ihrer Lokale zur Schau.

Maritime Momentaufnahmen

An der Atlantikküste Richtung Agadir

Von Tanger südwärts entlang der Küste führt die Fahrt durch grünes, dünn besiedeltes, teils flaches und sumpfiges, teils leicht hügeliges Gebiet. Die Sandstrände sind schnurgerade und so gut wie leer. Vereinzelt hüten Jungen und Mädchen Schafe und Kühe, beackern Bauern, selbst den Holzpflug ziehend, mühevoll ihr Feld. Erster Ort von Bedeutung ist Asilah. An ihm pflegten schon karthagische und römische Seefahrer anzulegen. Im 15. Jahrhundert wurde er, wie fast alle Atlantikhäfen Nordafrikas, von den Portugiesen besetzt. Später war er zweimal für kurze Zeit spanisch. Hauptsehenswürdigkeit der hübschen, mauerumgürteten *medina* ist die ehemalige Residenz Abdallah El Raisoulis. Der skrupellose Rebellenführer hatte in den Jahren vor, während und nach dem Ersten Weltkrieg abwechselnd mit den Franzosen und Spaniern, dem Sultan und dem deutschen Kaiser Wilhelm paktiert und durch diverse spektakuläre Geiselnahmen kurze Berühmtheit erlangt. In seinem maurischen Palast, in dem er eine Zeit lang als Pascha regierte, findet seit 1978 jeweils im August ein mittlerweile renommiertes Kultur- und Musikfestival statt.

Larache, vierzig Kilometer weiter südlich an der Mündung des Oued Loukos gelegen und viel gerühmt für seine Teeplantagen, offenbart den architektonischen Januscharakter all der Küstenstädte besonders augenfällig: Sein Mittelpunkt, die kreisrunde, von Arkadencafés gesäumte Place de la Libération, könnte, sieht man von den vielen Burnussen und arabischen Schriftzeichen einmal ab, genauso gut in Andalusien liegen (was nicht verwundert, war doch die Stadt zur Zeit des Protektorats der wichtigste Hafen in der spanischen Zone). Aber man muss nur den Hufeisenbogen des Bab El Khemis, des alten Stadttors, durchschreiten und findet sich in einer waschechten *medina* wieder. Der lang gestreckte Marktplatz ist erfüllt vom Gewoge eines typisch orientalischen Basars und führt zu einer klassischen *kasbah*. Ein Pilgerort für Freunde exzessiver Literatur ist der Spanische Friedhof im Süden der Stadt. Dort finden wir unter einer einsamen Zeder, direkt an der Kante des Steilabbruchs zum Meer, ein schlichtes Grab. Auf seinem weiß getünchten Stein steht in krakeligen Buchstaben zu lesen: »Jean Genet, 19. Dez. 1910–13./14. August 86«. Die Melancholie und seltsame Desolatheit der Stätte passt gut zur tristen Welt der Außenseiter, die der einstige Fürsorgezögling, Fremdenlegionär und Häftling in seinen Büchern mit Vorliebe beschrieb.

Ungleich trostloser sind freilich die ausgedehnten Elendsviertel, in die wir wenig später geraten. Baracken aus Wellblech, notdürftig zusammengeflickte Mauern, Müll, bloßfüßige Kinder und untätige junge Männer so weit das Auge reicht. Dies ist die Kehrseite des schillernd schönen, tausendundeinenächtigen Marokkos und ein Vorgeschmack auf die berüchtigten *bidonvilles*, die noch viel größeren »Kanistersiedlungen« an der Peripherie Casablancas.

Ein paar Kilometer nördlich von Larache liegen die Ruinen des antiken Lixus, die der deutsche Afrikaforscher Heinrich Barth erst Mitte des 19. Jahrhunderts wiederentdeckte. Hier soll, glaubt man der griechischen Mythologie, der legendäre Garten der Hesperiden gelegen sein, aus dem Herakles die berühmten goldenen Äpfel stahl. Auf dem Areal der Unterstadt, gleich neben der Straße, finden sich die gemauerten Reste jener ausgedehnten Bassinanlagen, in denen man einst Fische züchtete und Garum, eine in den Delikatessläden Roms höchst begehrte Fischpaste, herstellte. Auf dem Weg hinauf zur Akropolis – ein Amphitheater, Ruinen von Thermen und Wohnhäusern. Die ganze Anlage ist von Olivenbäumen und Zypressen durchsetzt, erinnert an die Toskana, an Griechenland. Von der Kuppe des Hügels genießen wir einen grandiosen Blick hinab auf die Ebene des Oued Loukos und dessen mächtige Mäander.

Ein Stück flussaufwärts liegt Ksar El Kebir, das als Schauplatz der berühmten Dreikönigsschlacht in die Weltgeschichte einging. Am 4. August des Jahres 1578 haben die Marokkaner hier den Versuch des portugiesischen Königs Sebastian I. vereitelt, mit dreißigtausend Soldaten ihr Land für das Christentum zu erobern. Sowohl der Eindringling als auch die beiden Sultane des muslimischen Heeres und insgesamt fünfundzwanzigtausend Mann kamen dabei um. Und in der Folge fiel Portugal an Spanien.

Souk El Arba du Rharb, der nächste Ort auf dem Weg Richtung Hauptstadt, trägt seine wichtigste Funktion bereits im Namen. In diesem Agrarzentrum des Rharb, der Küstenebene, findet der wöchentliche *souk*, der Markt, jeweils am Mittwoch, dem vierten Tag der Woche, statt. *Arba* heißt vier. Das Phänomen ist in Marokko weit verbreitet: Immer wieder stößt man auf Marktorte, die als Beinamen ein Zahlwort wie etwa *tleta* – für drei, also Dienstag – oder *tnin* – zwei, Montag – führen, um Händlern und Kunden sofort zu signalisieren, wann es sich besonders zu kommen lohnt.

Südlich von Kénitra, jener von den Franzosen nahe der Mündung des Flusses Sebou gegründeten und nach ihrem ersten Generalresidenten einst Port Lyautey getauften Industriestadt, die heute vor allem für ihr übel beleumundetes Hochsicherheitsgefängnis und den nahen US-Marine- und Luftwaffenstützpunkt bekannt ist – südlich dieser dicht bevölkerten, touristisch ziemlich reizlosen Zone dann Erstaunen: Wir durchqueren einen streckenweise fast parkähnlichen Hain mit Pinien und Korkeichen, Eukalyptus-, Akazien- und Birnbäumen. Der Wald von Mamora, lesen wir im Reiseführer, ist über tausend Quadratkilometer groß und wurde ursprünglich gepflanzt, um den Schäden durch Überweidung zu begegnen. Am Straßenrand verkaufen Burschen frische Trüffel, in Plastiksäckchen verpackte Walnüsse, aber auch lebende Schildkröten und sogar Füchse.

Jenseits des Ballungsraums Rabat-Mohammedia-Casablanca fahren wir die Küste weiter nach Süden, gelangen über Azemmour mit seiner malerisch über der Mündung des Oum er-Rbia, der »Mutter des Frühlings«, gelegenen *medina,* nach El Jadida. Sein Hafen bildete unter dem Namen Mazagan im 16. Jahrhundert ein wichtiges Glied in der Kette jener Festungen, mit denen die Portugiesen entlang der Küste Nordwestafrikas ihre Schiffsroute nach Indien sicherten. Während die europäischen Besatzer die meisten ihrer Atlantikhäfen – Agadir, Safi oder Azemmour – relativ rasch wieder an die neue arabische Großmacht, die aus dem Draa-Tal nordwärts drängenden Saadier, verloren, hielten sie Mazagan über zweihundertfünfzig Jahre lang. Als sein Fall unausweichlich wurde, sprengten sie große Teile der mächtigen, nach modernsten festungsarchitektonischen Methoden errichteten Zitadelle in die Luft. Im frühen 19. Jahrhundert wiederaufgebaut, erhielt der Ort seinen jetzigen Namen – El Jadida, »die Neue«.

Wir folgen der Empfehlung sämtlicher Reiseführer und besuchen in der alten Cité Portugaise die unterirdische Zisterne. Der 1541 erbaute, erst im 20. Jahrhundert zufällig wiederentdeckte Raum besitzt fürwahr einen besonderen Zauber: Er ist über tausend Quadratmeter groß und von prachtvollen, spätgotischen Kreuzrippen überwölbt, die sich gemeinsam mit den zwei Dutzend von Algen bewachsenen Stützpfeilern im Wasser spiegeln. Nur ein leises, durch das Echo vervielfachtes Tropfen durchbricht die vollkommene Stille. Die Portugiesen nutzten den Raum in regenarmen Zeiten, wenn er leer war, als Fechtschule. Orson Welles drehte darin Schlüsselszenen seines »Othello«. Wenige Schritte entfernt ragt über den Grundmauern eines früheren, polygonalen Leuchtturms ein Minarett in den Himmel. Es ist wohl das einzige mit fünfeckigem Grundriss in der islamischen Welt.

Zehn Autominuten hinter El Jadida: die Bucht von Jorf Lasfar. Vor uns erhebt sich eine monströse Industrie- und Hafenanlage. Ein Konglomerat aus hochhaushohen Hallen, Tankkesseln, Kränen, Verladerampen, umflochten von Hochspannungsleitungen, Förderbändern, Bahngeleisen. Der Boden der Ebene von Khouribga, die sich von Casablanca bis Marrakesch erstreckt, birgt etwa vierzig Prozent der Weltreserven an Phosphat. Fünfundzwanzig Millionen Tonnen gehen jährlich in den Export. Ein beträchtlicher Teil davon über Jorf Lasfar. Die Einkünfte werden als Trostpflaster dafür empfunden, dass das Land über keinerlei eigenes Erdöl verfügt und für dessen Einfuhr viel Geld in das benachbarte Algerien überweisen muss. In Jorf Lasfar werden aber auch Dünger, Phosphorsäure und diverse andere Derivate erzeugt. Ein Segen für die Handelsbilanz des Landes, aber ein Albtraum für jeden Umweltschützer. Denn in der Luft liegt gelblicher Dunst. Und die Bäume und Kakteen sind mit dem staubig-schwefelfarbigen Niederschlag aus den riesigen Schloten überzogen. Ironie des Schicksals: Schon vor seiner Verbetonierung, als er nur von ein paar Langustenfischern bevölkert war, trug der Hafen seinen heutigen Namen, der übersetzt »der gelbe Felsen« bedeutet.

Eine Bucht weiter ist der Spuk vorbei. Über Dutzende von Kilometern ist das Meeresufer weitgehend unverbaut. Seine herrlichen Sandstrände, ein gewaltiges, zu unserem Glück noch ungenutztes Potenzial für eine touristisierte Zukunft, sind teils von fruchtbaren Feldern und Austernbänken, teils von Salzsümpfen und Schilf gesäumt. Nach Oulidia wird die Küste felsig und steil.

Safi – der im 17. Jahrhundert wichtigste Hafen des Landes, heute neben Fès das Zentrum der Keramikproduktion: Wir besteigen die Colline des potiers, den »Hügel der Töpfer«. In über dreißig Werkstätten stellt man hier außerhalb der Stadt, wo die Brandgefahr geringer ist, als Kooperative organisiert Vasen und Krüge, Teller und die zur Zubereitung des Nationalgerichts *tajine* obligaten Töpfe mit ihren »Trompetendeckeln« her. Typische Farben sind Türkis und Safrangelb. Als Vorbilder für die geometrischen Ornamente dienen vielfach die Teppiche der Berber. Eine Spezialität sind die in Grün, der Farbe des Propheten, glasierten Dachziegel, die landesweit, nach dem Prinzip von Nonne und Mönch verlegt, sämtliche Moscheen und Heiligtümer schmücken. Wir bekommen die einzelnen Phasen der Herstellung gezeigt: das Schlemmen der dank ihrer Kalk- und Eisenhaltigkeit exzellent zum Töpfern geeigneten Tonerde; das händische In-Stücke-Schneiden; das Formen auf fußbetriebenen Drehscheiben und das dreimalige Brennen – des Rohlings, der Glasur und der Farbe – in mit Pinienholz befeuerten, höllisch qualmenden Kuppelöfen. Natürlich schleust man uns auch durch die Schauräume und natürlich werden wir schwach und ziehen, jeder mit einem sperrigen Paket in der Hand, von dannen. Auf dem Dach der Kechla, der alten Festung, die heute ein kleines Keramikmuseum birgt, erfreuen wir uns am schönen Altstadtpanorama. Später steigen wir im Herzen des *souk* zur portugiesischen Kapelle hinab. Sie ist Anfang des 16. Jahrhunderts aus dem Chor der früheren Kathedrale entstanden und trägt in ihrem Sternrippengewölbe mehrere Schlusssteine. Wir erkennen ein Malteserkreuz, das Wappen von Safi mit den drei Schlüsseln der Stadttore und einer Papst-Tiara.

Im Süden der Stadt passieren wir endlose Reihen unansehnlicher Fabrikhallen. Hier werden, ein übler Gestank verdeutlicht es, Sardinenkonserven sowie Mehl und Öl aus Fisch hergestellt. Mit ihrer Flotte von über dreitausend Kuttern holen die marokkanischen Fischer jährlich allein fast sechshunderttausend Tonnen Sardinen aus dem Atlantik. Gar nicht zu reden von den weiteren dreihunderttausend Tonnen an Makrelen, Sardellen und Brassen, Schollen und Dorschen, Tintenfischen und Garnelen. Die küstennahen Gewässer entlang der dreitausend Kilometer langen Strecke zwischen Tanger und La Gouera an der mauretanischen Grenze zählen zu den reichsten Fischgründen der Welt. Kein Wunder, dass sich Rabat mit Madrid wegen der Konkurrenz durch Fischer aus Andalusien und von den Kanarischen Inseln des Öfteren in den Haaren liegt.

Weit idyllischer präsentiert sich der Hafen von Essaouira, in dem, wie Archäologen bewiesen haben, schon vor über zweitausendfünfhundert Jahren die Karthager vor Anker gingen. An kleinen Imbissständen wird frisches Meeresgetier gegrillt, das man als Passant an Holztischchen sitzend sogleich verzehren kann. Nebenan zimmern Männer in kleinen Werften hölzerne Fischerbarken. Die bunten Boote entlang der Mole, die vielen Netze, die raue Felsküste, die Brandung, die schreienden, in der steifen Brise elegant ihre Schleifen ziehenden Möwen … Fast möchte man meinen, in einem Hafen der Normandie oder der Bretagne zu sein. Nur dass man dort nie – oder zumindest nie so erfolgreich – mit Gold, Sklaven oder Elfenbein gehandelt hat.

Dass auch die Altstadt merkwürdig europäisch, ja nordisch anmutet, verdankt sie einem Herrn namens Théodore Cornut. Der, seines Zeichens Franzose und Architekt, bekam um 1760 vom damaligen Sultan, dessen Gefangener er war, den Befehl, die Hafenstadt, die seinerzeit noch Mogador hieß, zu befestigen. Das Ergebnis: die für arabische Verhältnisse ziemlich einmalige Anlage einer rechtwinkeligen *medina*, eine Art marokkanisches St. Malo. Wir schlendern vom Hafen durch die klassizistische Porte de la Marine Richtung Stadt. Auf einem weiten Geviert laden unter schattenspendenden Bäumen nette Cafés und Restaurants zum Verweilen. Linkerhand führt der Weg über eine Rampe auf die Skala de la Kasbah, die mit einer langen Reihe von Bronzekanonen bestückte, zinnenbewehrte Hafenfestung. In den darunter befindlichen ehemaligen Munitionslagern haben Kunsttischler ihre Werkstätten. Sie stellen aus dem Wurzelholz der Thuje, Akazie und Sandara, aber auch aus Zitronen- und Zedernholz, Perlmutt, Kupfer- und Silberdrähten en masse jene Intarsienarbeiten her, für die Essaouira seit der Antike bekannt ist und die in den vielen Kunsthandwerks- und Andenkenläden der Stadt, auf alle nur erdenklichen Gegenstände appliziert, feilgeboten werden.

In der Nähe des sehenswerten Volkskundemuseums entdecken wir an einer Straßenecke eine Gedenktafel. In dem Haus, bekundet sie, habe der französische Gouverneur im Jahre 1884 den jungen Charles Foucauld eine Zeit lang unter Arrest gehalten – jenen katholischen Priester, der später sechzehn Jahre lang in der Zentralsahara als Einsiedler unter den Tuaregs des Ahaggar leben und das bis heute beste Wörterbuch ihrer Berbersprache zusammenstellen sollte. Nahe der östlichen Stadtmauer stoßen wir auf eine auffallend schicke Bildergalerie. Sie präsentiere, erklärt uns ihr Betreiber mit sichtlichem Stolz, regelmäßig Werke der wichtigsten zeitgenössischen Maler des Landes. Essaouira ist seit dem vorigen Jahrhundert schon der bevorzugte Aufenthaltsort einheimischer bildender Künstler und Dichter. Die der Stadt vorgelagerten Purpurinseln waren um die Zeitenwende, während der Herrschaft des Berberkönigs Juba II., im ganzen römischen Reich für ihre Manufakturen berühmt, in denen man den kostbaren, bläulichroten Farbstoff produzierte. Heute sind sie Vogelschutzreservat. Der schier endlose Sandstrand im Süden der Stadt wird gerne von Surfern frequentiert. Diabat, das kleine, in weiße Dünen gebettete Berberdorf, mutierte in den Siebzigern zum Hippie-Treff. Unter den *kif*-seligen Aussteigern lebte damals fünf Jahre lang auch Jimi Hendrix. Er schrieb hier unter anderem, von den bizarren, allmählich im Schlick des Strandes versackenden

Überresten eines alten Palastes inspiriert, den Song »Castles in the Sand«.

Richtung Süden wird die Landschaft nun deutlich karger, savannenhaft. Die durchschnittliche Jahresregenmenge sinkt unter die neuralgische Vierhundert-Millimeter-Grenze. Die Felder sind kümmerlich und steinübersät. Immer öfter begegnen uns am Straßenrand Kamele. Manche ziehen mit ihrem Höcker einen Pflug, andere schleppen Brennholz. Knorrige, dornige Bäume säumen den Weg. In ihren Kronen staksen, meterhoch über der Erde, wagemutige Ziegen umher, zupfen Blätter und stehen dabei vorbeifahrenden Touristen für Fotos Modell.

Wir befinden uns im Land der Arganier, einer wundersamen, nur hier im Südwesten Marokkos wachsenden Spezies von Baum, die den ansässigen Berbern auf vielfältige Weise den Lebensunterhalt sichert. Entlang der Straße bekommen wir immer wieder das aus den Kernen seiner kleinen, gelblichen Früchte gepresste Arganöl, in Kannen abgefüllt, zum Kauf angeboten. Später werden wir erfahren, dass dieses Öl nicht nur die Verdauung fördert, sondern bei den Einheimischen seit alters auch in der traditionellen Haut- und Haarpflege sowie als Medikament und Wundpflegemittel große Wertschätzung genießt. Ein kurzer Abstecher ins Landesinnere führt uns auf kurvigem Sträßchen nach Imouzzer des Ida Outanane. Die malerische Berglandschaft, die Olivenhaine und blühenden Mandelbäume machen – insbesondere zu dieser Stunde, wenn sie im goldenen Schräglicht der untergehenden Sonne aufleuchten – verständlich, weshalb die Berber den Landstrich auch »Tal des Paradieses« nennen. An seinem Ende besichtigen wir einen viel gepriesenen, in der Tat recht pittoresken Wasserfall. Wieder an der Küste, blinken uns wenig später die tausend Lichter der weit geschwungenen Bucht von Agadir entgegen, jenem »Tor in den Süden«, das seine rudelweise aus dem kalten Europa eingeflogenen Gäste – so belegt es die Statistik und brüstet sich der Werbeprospekt – an dreihundertdreißig Tagen im Jahr mit strahlender Sonne empfängt.

Unter Akrobaten, Gauklern und Poeten

Das magische Treiben auf dem Djemaa el-Fna

Eigentlich hat man gar keine Wahl. Der erste Weg muss in Marrakesch auf den Djemaa el-Fna führen! Auf jenen Platz der Plätze, der noch zu Beginn des Jahrhunderts als Hinrichtungsstätte diente. Auf der man die Schädel der Delinquenten aufgespießt zur Schau stellte. Und wo heute zwar weit harmlosere, aber kaum weniger exotische Spektakel stattfinden. Gibt es einen anderen Ort, der die Quintessenz dieser Stadt ähnlich eindringlich offenbart? Ihre Lust am Spiel und an der Täuschung, ihre Sinnlichkeit, Verwandlungskunst und anarchische Energie?

Wir haben uns für den späten Nachmittag mit Ahmed Zaidane Lasry verabredet. Um eine atmosphärische Aufwärmrunde zu drehen, sind wir ein bisschen früher gekommen und mischen uns unter die Schaulustigen und Müßiggänger. Unter die einheimischen Flaneure und Tagediebe. Unter die blitzlichternden Touristen, die sich, durch so geballte Fremdheit merklich verschüchtert, tunlichst bemühen, ihre Gruppe nicht aus den Augen zu verlieren. Unter die berberischen Bauern, die aus dem Süden, dem Sous und dem Hohen Atlas in die Stadt gekommen sind, um hier Handel zu treiben und Abwechslung von ihrem mühseligen Dorfalltag zu finden, um sich von den Wahrsagern Lösungen für ihre Liebessorgen präsentieren und andere Wehwehchen von Wunderheilern behandeln zu lassen. Und sich schließlich unter die viel bestaunten Protagonisten dieses unendlichen Schauspiels – die Gaukler, Hellseher, Possenreißer, die Musiker und Akrobaten zu mischen. Wir beobachten die charmeurs-de-serpent, wie sie mit den Dudelsacktönen der *ghaita* ihre Kobras umschmeicheln, und durchstöbern heiteren Blicks das Warenangebot der fliegenden Händler. Dem Feuerschlucker sehen wir beim Entflammen seines unaufhörlich mit Spiritus getränkten Atems zu, den Turnern beim Errichten ihrer menschlichen Pyramiden und den Affendresseuren bei dem geduldig wiederholten Versuch, ihre angeleinten Makaken mit Zuckerstückchen zu kleinen Kunststücken zu bewegen. Am meisten jedoch faszinieren uns die Geschichtenerzähler. In Marokko können zwei von drei Frauen und fast die Hälfte der Männer weder lesen noch schreiben. Ein Großteil des Publikums schlürft die Sätze der Märchenonkel bis heute mit einer beinahe hypnotischen Andacht, ganz so, als wär's ein Orakelspruch. Wenn diese letzten Hüter mündlichen Erbes auf dem Boden ihre *halqas*, imaginäre Kreise, ziehen und ihre mal zotigen, mal heiligen Parabeln zum Besten geben, triumphieren sie nicht bloß über ihren härtesten Konkurrenten, das TV. Sie schlagen sogar uns Ungläubige, die wir kein Wort verstehen, in ihren Bann.

Rund um uns herrscht ein unaufhörliches Gedränge, Geschiebe und Gezerre. Immer wieder halten uns kleine Jungen fordernden Blickes Teller vor die Nase. Das Publikum hat seinen Obolus zu leisten! Manchmal ist mir, als probierten kleine Hände, wie fest der Knopf der Hosentasche sitzt, die meine Geldbörse birgt.

Um siebzehn Uhr schließlich treffen wir Ahmed am Eingang zum Café de France. »Der Djemaa el-Fna ist die Sensation dieser Stadt«, eröffnet er nach den obligaten Umarmungen, Begrüßungsküssen und Komplimenten. Ahmed weiß, wovon er spricht. Vor gut fünfzig Jahren, als gewitzter Knirps, verdiente er auf diesem Platz mit kleinen Kunststücken und Handeleien seine ersten Dirham. Seither hat er es im Tourismusgeschäft zu Wohlstand gebracht und ist naturgemäß ziemlich abgeklärt. Doch die fünf Hektar große Freifläche zwischen Koutoubia-Moschee, *medina* und Königspalast empfindet er heute noch als das Herz seiner Heimatstadt, das sie einzigartig macht und mit seinem kräftigen Pulsschlag Marrakchis wie Fremde gleichermaßen erregt. »Viele Freunde«, sagt er, »die den Djemaa el-Fna wie ich seit Langem kennen, beklagen, er sei gezähmt und hemmungslos kommerzialisiert. Sie haben gute Gründe. Schau zum Beispiel nur mal die Wasserverkäufer!« Er zeigt auf zwei mit Kupferglocken, Messingbechern und Ziegenhäuten behangene Alte in feuerrotem Kostüm. »Die stillen längst keinen Durst mehr, sondern posieren nur noch für Fotos.« Und die jungen *Gnawa*-Musiker, so höre ich, würden die ekstatischen Gesänge ihrer Väter kaum noch kennen, sondern nur noch mit ihren Schellen klappern und die mit Kaurimuscheln bestickten Mützen für Münzen aufhalten. Auch die Schlangenbeschwörer haben ihren Kobras längst die Giftzähne gezogen und blasen ihre näselnden Flöten nur mehr zur Show. Affenbändiger, *Henna*-Malerinnen, der Porträtfotograf mit seiner Polaroid oder gar jene Männer, die in Frauenkleidern Bauchtänze vollführen … Sie alle, seufzt Ahmed, seien erst in den letzten Jahren aufgetaucht. Ohne jegliche Tradition, ohne Können, ohne auch nur einen Hauch von Spiritualität buhlen sie um nichts als den schnöden Lohn.

Früher, erinnert er sich, habe es viel weniger Attraktionen gegeben, dafür mehr wahre Meister. Die zwei, drei Erzähler hätten mit ihrer Fabulierkunst Hunderte Zuhörer angelockt. Den Esel, der jedes Wort seines Herrn verstand, habe man im ganzen Land gekannt. Doch diese Originale sind gestorben, verschwunden, wie auch der legendäre Fahrradakrobat und die verrückten *mehdoubs*, die in ihrer Trance kochendes Wasser trinken und auf spitzen Glasscherben gehen und liegen konnten.

Freilich habe die moderne Zeit auch manche Verbesserung gebracht. »Wenn du an den ambulanten Imbissständen Spezialitäten wie Kichererbsensuppe oder Schafshirn, Schnecken oder Heuschrecken probierst, tust du das heute fast ohne Risiko. Dafür sorgt eine strenge Lebensmittelbehörde.« Wie überhaupt, was oberflächlich als charmantes Tohuwabohu erscheint, in Wahrheit wohl organisiert ist: So hängt im Büro des Gouverneurs ein Plan des Platzes, auf dem jedem Akteur exakt sein – heiß begehrtes und teures – Karree zugewiesen ist. Die Behörde vergibt Lizenzen, kassiert monatliche Mieten und kontrolliert das Sortiment der Händler, damit Plastik und Ramsch nicht überhandnehmen.

Am folgenden Vormittag des Pflichtprogramms für Neuankömmlinge zweiter Teil: die klassischen Sehenswürdigkeiten der Stadt. Zuerst eine Tour d'horizon durch die marokkanische Volkskunst im Museum Dar Si Said, einem Palast im Stil der Alaouiten-Bauten aus dem späten 19. Jahrhundert. Wir nehmen Möbeln und Teppichen, Waffen und Töpferwaren, Schmuck und Kleidern die Parade ab. Was sich am tiefsten ins Gedächtnis gräbt: ein bezauberndes Kinderkarussell, eine Art Riesenrad en miniature, ungefähr fünf Meter hoch und komplett aus Holz, mit Waschbottichen als Waggons. Das benachbarte Dar el Bahia, einst Palast des Großwesirs, entpuppt sich als Orgie aus Fayencen, Marmor, Gips und Stuck, Spiegeln und Zedernholz – imposant. Aber anheimelnd? Keineswegs. Alfred Hitchcock hat in diesen Räumlichkeiten »Der Mann, der zu viel wusste« gedreht, und Nastassja Kinski räkelte sich hier für »Harem« im Plüsch.

Weit größeren Eindruck hinterlassen die Saadier-Gräber. Die Nekropole wurde kurz vor 1600 angelegt und später von Moulay Ismail, dem Erbauer von Meknes, mit der Absicht, alles Andenken an die Dynastie zu tilgen, mit einer Mauer verschlossen. Erst 1917, über zweihundert Jahre später, entdeckte man die Stätte neu. Noch heute haftet ihr eine gewisse Verwunschenheit an. Die beiden prachtvoll verzierten Mausoleen vermitteln eine gute Vorstellung von dem Reichtum, den die Saadier durch die Plünderung Timbuktus und durch ihren Gold-, Sklaven- und Zuckerhandel mit den südlich der Sahara ansässigen Stämmen angehäuft hatten. Erfolgreicher war Moulay Ismail damit, die profanen Baudenkmäler seiner verhassten Vorgänger zu eliminieren: Vom angrenzenden El Badi-Palast, der Residenz des Saadiersultans Ahmed el Mansour und seinerzeit angeblich pompösesten Palastanlage des ganzen Maghreb, sind nur noch Rudimente erhalten. Der Großteil der Gebäudemasse fand als Baumaterial in Meknes neue Verwendung.

Auch uns hat am Vorabend auf dem Djemaa el-Fna das Schicksal in Person eines Halbwüchsigen ereilt, der natürlich just in unserer Heimat Freunde hatte, für die er uns Briefe mitgeben wollte, und der sich erst nach nervenstrapazierenden Debatten abschütteln ließ. Für diesen Nachmittag haben wir vorgebeugt und einen der offiziellen, an ihren eleganten, weißen *dschellabas*, den beigen *babouches*, dem weinroten *fes* und der vom Hals baumelnden Kupferplakette erkennbaren Guides zum Begleiter genommen. Dank ihm sind wir für alle »Illegalen« tabu. Und da wir ihn gleich zu Anfang unmissverständlich aufgeklärt haben, weder an Keramik noch an Teppichen noch an Messingware interessiert zu sein, er aber auch ohne Provisionen auf seine Rechnung kommen werde, können wir nun endlich »medinieren« – unbehelligt schlendern, schauen, riechen, hören.

Die *souks* von Marrakesch sind nicht ganz so verschlungen und unergründlich wie jene von Fès, dafür bunter, leichtlebiger und einfacher zu durchschauen. Viel kleiner sind sie freilich nicht. Hätten wir keinen Führer, könnten wir uns auch in ihnen mühelos verirren. So aber klappern wir beinahe systematisch die verschiedenen Märkte ab. Den der Färber etwa, den Souk des Teinturiers, in dem die mit Safran, Klatschmohn und Indigo gefärbten Wollbündel knallbunt, auf Stricke gespannt und überaus fotogen den Himmel verhängen. Den der Filzmacher, den Souk des Lebadiyne, wo einige Meister noch mit Schwarzseife imprägnierte Gebetsteppiche walken. Den durch Schilfmatten vor der prallen Sonne geschützten Souk Quessabine mit seinen Läden für Gewürze, Korbwaren und Trockenfrüchte. Oder den auf Stoffe und Kleider spezialisierten Souk Smarine. Wir durchwandern die *souks* der *Babouches*-Macher, der Kupferschmiede, der Schmuck- und Lederhändler. In einem dunklen Durchgang namens La Criée wohnen wir der täglichen Auktion bei, in deren Rahmen Männer alte Teppiche, aber auch *dschellabas* und Burnusse versteigern. Auf der malerischen Place Rahba Kedima, auf der noch bis ins Jahr 1912 Sklaven aus Schwarzafrika verschachert wurden, sehen wir zwischen den Ständen der Wollhändler auch die Schneckensuppen-Verkäufer und die ambulanten Apotheker, die neben allerhand Kräutern, Pulvern und Wässerchen gegen Angstzustände, Bandwürmer und Erektionsprobleme auch diverse Mittel zur Abwehr beziehungsweise Anwendung von *silhacen*, der berüchtigten Schwarzen Magie, anbieten. Nur zum Souk Larzal, dem Secondhandmarkt für Damenwäsche, auf dem sich naturgemäß fast ausschließlich Frauen tummeln, versuchen wir vergebens vorzudringen. Denn gleich bei seinem Eingang versperren uns zwei Aufpasser den Weg. Fremde Männer haben hier nichts zu suchen! Womit sie, genau genommen, nicht ganz unrecht haben.

Als besonders charmant erweist sich in einer Seitengasse das kleine Schaufenster eines Friseurs. Weil der Geschäftsinhaber auch als Zahnarzt fungiert, präsentiert er den Passanten als Bestätigung seiner erfolgreichen Tätigkeit in einem großen Glas Hunderte von gerissenen Zähnen. Ein Schröpfglas und eine zarte, seltsam geformte Schere weisen darauf hin, dass der Friseur sich bei Bedarf auch als Heiler betätigt, beziehungsweise Knaben beschneidet.

Später am Abend finden wir uns, angezogen von seinem magischen Magnetismus, wieder auf dem Djemaa el-Fna. Die Hitze des Tages ist einer würzigen Kühle gewichen. Die Garköche mit ihren rollenden Ständen haben Stellung bezogen und ihr Feuer entfacht. Im Verbund mit den Karbidlampen der Schausteller bilden sie heimelige Lichtinseln in der dicht bevölkerten Dunkelheit. Während wir im Flackerschein auf einer Holzbank aus einer Schüssel *harira*, Kichererbsensuppe, löffeln und dazu *khobz*, das warme Fladenbrot, kauen, denke ich, wie vielen Angriffen unserer zügellosen Pseudomoderne dieser Platz schon ausgesetzt war und widerstanden hat. In den Sechzigern und Siebzigern etwa hatten in seiner nordöstlichen Ecke die Linienbusse ihren Zentralbahnhof. Er wurde verlegt. Diverse Ladenkioske und Getränkebuden tauchten auf. Auch sie mussten weichen. Und vor ein paar Jahren erst hat man anlässlich einer GATT-Konferenz den Generation um Generation von Millionen Lederpantoffeln und bloßen Füßen gestampften Lehmboden mit einer Schicht Asphalt zugedeckt. Wodurch er zwar ein wenig von seiner erdigen Anarchie verloren hat, aber nichts von seiner Vitalität und der Fähigkeit, Fremdkörper entweder abzustoßen oder sich einzuverleiben. Selbst die Touristenbusse, die wie Wale an den Ufern seines Menschenmeeres stranden, weil ihr Inhalt zu faul ist, ein paar Meter weiter zu Fuß zu gehen, spinnt er im Nu mit unsichtbaren Fäden ein und neutralisiert sie mit seinen Magensäften. Neuerdings freilich dringen aus seiner Umgebung wirklich beunruhigende Nachrichten an die Öffentlichkeit: Ein achtzehn Meter hohes Kaufhaus aus Glas samt Tiefgarage soll an seiner Flanke entstehen. Widerstand beginnt sich bereits zu formieren. Dennoch ertappe ich mich, über meine Suppe gebeugt, bei der sorgenvollen Frage: Wie lange noch wird dieses Märchenreich aus Kreisen und Worten bestehen?

Oase des Luxus und der Moden

Durch Marrakeschs grüne Peripherie

Eine angemessene Methode, die Stadt zu erkunden, ist die Fahrt in einer der wunderbar altmodischen Kutschen. Darin schaukelt man, von einem schwarzen, meist leicht zerschlissenen Verdeck vor der Sonne geschützt, wie in einer Gondel durch die verästelten Gässchen der Altstadt und über die breiten Avenuen der Ville Nouvelle. Die Standardrunde heißt *tour des remparts* und führt – immer die mächtigen, teils rostroten, teils ockerfarbenen Stadtmauern aus Stampflehm entlang – zwölf Kilometer weit um die gesamte *medina* herum. Wir haben unsere *calèche* auf der Place de la Liberté geheuert und folgen dem klassischen Kurs – von Kreisverkehr zu Kreisverkehr, von Stadttor zu Stadttor. Vom Bab Doukkala, vor dem einst die aus der Stadt verbannten Leprösen hausten und heute die Überlandbusse ihrer Passagiere harren, schaukeln wir zum Bab el Khemis, in dessen Schatten die Bauern der Umgebung nach wie vor jeden Donnerstag ihr Vieh feilbieten; vom Bab ed Debbagh, in dessen Nähe, am Ufer des schmächtigen und schmutzigen Oued Issil, die Gerber seit Menschengedenken schon Rinder- und Ziegenhäute, den Rohstoff für die legendäre Maroquinerie, präparieren, rollen wir vorbei am großen Friedhof zum Bab Ahmar und hinein in das Labyrinth der dem Königspalast vorgelagerten *mechouars*, der Ehrenhöfe.

Beim Aushandeln des Tarifs vor Antritt der Fahrt haben wir mit dem Kutscher vereinbart, auch ein Stückchen in die *palmeraie* hineinzufahren, in jenen Palmenhain, der dem Neuankömmling unmissverständlich in Erinnerung ruft, dass Marrakesch eine Oasensiedlung ist und Marokko, dessen Name sich von Marruecos, der spanischen Bezeichnung für diese Stadt, ableitet, seine Wurzeln in der Wüste hat. Zwölftausend Hektar misst die *palmeraie*, und über hundertfünfzigtausend Dattelpalmen, diese »brennenden Söhne der Erde und der Sonne Afrikas«, wie André Chevrillon sie einst nannte, stehen angeblich in ihr. Es sind nur halb so viele wie noch vor wenigen Jahrzehnten. Und teilweise wirken sie ziemlich zerzaust. Die Dürreperioden der vergangenen Jahre und der Bedarf der wachsenden Bevölkerung nach Holz hinterlassen Spuren. Ihre Ausdehnung verdankt die Oase Ali ben Youssef, dem Sohn des almoravidischen Stadtgründers Youssouf ben Tachfine. Der ließ Anfang des 12. Jahrhunderts ein weitverzweigtes Kanalsystem anlegen, mit dessen Hilfe man bis heute die Haouz-Ebene, den Großraum Marrakesch, bewässert. Diese sogenannten *khettaras* bilden ein Stollennetz, in dem das Oberflächen- und das Grundwasser gesammelt und, zwecks Minimierung des Verdunstungsverlusts, unterirdisch zu den Feldern geleitet wird. Immer wieder stoßen wir zwischen den Palmen auf jene kreisrunden, vom sandigen Aushub umkränzten Schachtlöcher, die den Verlauf der Stollen markieren. Im Hintergrund gleißen, einer Halluzination gleich, die Viertausendergipfel des Hohen Atlas, von deren Schneehauben dieses grüne, schattige Paradies hier im Tal selbst im Hochsommer noch sein Wasser bezieht.

Am Schluss lassen wir uns auch noch durch Hivernage und Guéliz, die beiden eleganten Viertel der Neustadt, kutschieren. Als Marokko 1912 unter französisches Protektorat fiel, traf Marschall Hubert Lyautey, der erste von Paris entsandte Generalresident, eine weitsichtige Entscheidung. Statt, wie anderswo von Kolonialisten gerne praktiziert, die Altstädte schleifen oder von westlichen Architekten verunstalten zu lassen, befahl er den Bau neuer, europäischer Bezirke grundsätzlich außerhalb der Stadtmauern. Dadurch konnten sämtliche historischen Zentren des Landes – ob in Fès, Meknes oder Rabat, in Safi oder Taroudannt – ihre gewachsenen architektonischen und sozialen Strukturen bewahren. Und die französischen Verwaltungsbeamten erhielten moderne, ihren Wünschen nach Komfort entsprechende Quartiere.

Auch in Marrakesch blieb die *medina* verschont, doch spielte diese »Perle, die Allah über den Atlas warf«, von Anfang an eine besondere Rolle: Anatole France hatte bereits 1912 die Reise ohne Eisenbahn und Straße bis in die alte Hauptstadt des Südens gewagt und, zurück in Paris, darüber begeistert berichtet. Im Nu wurde Marrakesch zum Magneten für die Mondänen der Welt. Vor allem begüterte Amerikaner und Franzosen kamen, um in der Wärme zu überwintern, und schufen sich von prunkvollen Gärten umgebene Anwesen. In der Hivernage, der kalifornisch anmutenden Villenkolonie, ist diese alte Exklusivität zum Teil noch lebendig. Dort rollen wir entlang betörend duftender Orangenbaum- und Jacaranda-Alleen, hinter denen der internationale Jetset, nur wenige Minuten vom Djemaa el-Fna entfernt, seine sorgsam bewachten Traumhäuser verbirgt, sich aber auch etliche Luxushotels, die Nachtclubs und das Spielcasino befinden. Guéliz hingegen, der zentrale Stadtteil der kolonialen Ville Nouvelle, ist heute der Bezirk der Banken und Boutiquen, der Restaurants und Straßencafés, der eleganten Flaniermeilen, entlang derer die Luftfahrtgesellschaften und Leihwagenfirmen ihre Büros unterhalten.

Im Nordosten des Viertels liegt eines der bezauberndsten Refugien Marrakeschs: der Jardin Majorelle – die Endstation unserer Kutschenfahrt. In den zwanziger Jahren hat sich der Maler Jacques Majorelle hier eine Villa namens »Bou Saf Saf« gebaut. Eine kühne Kombination aus Art déco und marokkanischen Stilelementen. Nach seinem Tod kaufte Yves Saint Laurent, der Grand Maître der orientalisch-exotischen Haute Couture, den Besitz. Er, dessen familiäre Wurzeln in den Maghreb reichen und der einmal gestand, dass erst Marokko ihm die Augen für Farben geöffnet habe (»Die Schatten der Erde und des Sandes, aber auch die Schattierungen auf den Straßen; die Frauen in ihren türkis- und malvenfarbenen Kaftanen. Und dieser Himmel!«), taufte das Anwesen in »Villa Oasis« um, tünchte das zugehörige Atelierhaus in einem den Sehsinn überflutenden Kobaltblau und installierte darin ein kleines, aber feines Museum für berberisches Kunsthandwerk. Den zugehörigen Garten machte er der Allgemeinheit gegen Eintritt zugänglich. Er ist es, nach dem Tod Saint Laurents (2008) und auch seines Partners, Pierre Bergs (2017), geblieben. Es ist ein Ort von atemberaubender Üppigkeit und asketischer Stille, ein Elysium, durchwachsen von gepflegt wuchernden Bougainvilleen, Bambussen, Bananenstauden und hunderterlei botanischen Raritäten, durchsetzt mit tiefblauen Teichen, deren Seerosenteppiche und chinesische Goldfische zur Meditation laden.

Ein Verwandter Saint Laurents im Geiste, was fantastische Ideen und die kühne Konsequenz bei deren Verwirklichung betrifft, ist der Weltwiener André Heller. Auch er hat sich, ein Vierteljahrhundert nach seinem berühmten Garten am Gardasee, in dem von ihm ein Leben lang geliebten Wunderland Marokko einen grünen Traum erfüllt. Sein Garten, er heißt »Anima«, liegt freilich zu fern der Stadt, um ihn per Kutsche anzusteuern – dreißig Kilometer südöstlich, im Ourika-Tal. Dort, nahe dem Dorf Douar Sbiti, hat er auf einem drei Hektar großen Gelände aus dem Nichts einen wunderbaren Hort der Erholung und der Kühle geschaffen. Anima ist für jedermann öffentlich zugänglich – ein Paradiesgarten, in dem man herrlich durchatmen und alle Sinne laben kann. Dort gedeihen, permanent von etwa dreißig vollberuflich und sehr fair bezahlten Gärtnern und Handwerkern aus der Region gehegt und gepflegt, hunderterlei Pflanzen – hohe Palmen, die er von weither auf Tiefladern hat herbei transportieren lassen, methusalemische Olivenbäume und Kakteen, aber auch

Araukarien, Bambus und Bananenstauden, Drachen- und Orangenbäume, Strelizien, Rosmarin, Rosen und Lavendel. Dazwischen gestreut finden sich entlang der schattigen, mäandrierenden Wege Skulpturen bekannter und befreundeter, lokaler und internationaler Künstler: Köpfe, Stelen, Totems, Tiere und Fabelwesen aus Blech, Draht, Holz und Stahl, umkränzt oder bekleidet nicht selten mit den für Marokko so typischen *zellige*, fröhlichfarbenen Mosaiken. Fürwahr ein Traum.

Später am Abend eine weitere Traumkulisse: Diner im Dar El Yacout. Marrakesch besitzt etliche Gourmettempel von Format – das Dar Mounia etwa und die Trattoria di Giancarlo, beide draußen in Guéliz, oder das Stylia in der *medina*. Monsieur Mohamed Zkhiris Yacout, zählt zu den feinsten – und teuersten – von allen. In einem Palast eines Khaids aus dem 18. Jahrhundert untergebracht, bezieht es seinen Charme allein schon aus der Tatsache, dass es sich über mehrere, ineinander verschränkte Ebenen erstreckt. Der Patio mit seinem Pool, die Salons für den Aperitif und die Speiseräume sind von aberhunderten Kerzen auf Messingkandelabern erhellt, die Teppiche mit Rosenblättern bestreut und die Tischtücher aus Damast mit Granatapfelkernen dekoriert. Wohin das Auge blickt, kostbare Keramiken, Schnitzwerk, Messingarbeiten. Geschmeidige Burschen in blütenweißen *dschellabas* servieren auf Silber *couscous d'agneau*, das schon beim Hinsehen zerfällt. Ich habe noch nie jemanden so artistisch Lammfleisch tranchieren gesehen. Drei *Gnawa*-Virtuosen entlocken der *gembri*, der *darbuka* und den Kastagnetten entrückende Rhythmen, ähnlich jenen, denen wir – freilich in anderem Milieu – schon in Tanger und auf dem Djemaa el-Fna verfallen sind. Zum Kaffee werden wir auf die Dachterrasse gebeten, thronen auf Teppichen und schwellenden Kissen. Unter uns die Lichter der Stadt, über uns das Firmament und in der Ferne, im Mondlicht schimmernd, der Schnee des Atlas. Hoffentlich wachen wir noch eine Weile nicht auf!

Von kargen Böden und ehernen Dogmen

Auf Spritztour in den Hohen Atlas

Die Fahrt geht Richtung Tizi n' Test, den westlichen der beiden großen Pässe über den Hauptkamm des Hohen Atlas. Anfangs durchqueren wir die heiße Ebene. Die Straße ist hier zu beiden Seiten von intensiv bewässerten Obstplantagen gesäumt. Immer wieder sehen wir kleine, mit Wasser betriebene Getreidemühlen. Bei Asni, jenem malerischen Marktort, in dem die Berber aus den Bergen und die Bewohner der Haouz allwöchentlich miteinander Handel treiben, zweigen wir in ein enges Seitental ab. Die holprige Piste führt an Weilern von kaum überbietbarer Einfachheit vorbei. Die Mauern der ebenerdigen Häuser und Ställe sind aus Stampflehm geschichtet. Ihre flachen Dächer bestehen aus Baumstämmen und mit Erde verfugtem Astwerk. Die Fensteröffnungen sind zum Schutz gegen Hitze und Kälte winzig. An den steilen Abhängen kleben kleine Terrassenfelder. Ihr leuchtendes Grün täuscht: Sie sind dem kargen Boden mit äußerster Mühe abgerungen.

Bei der Einfahrt nach Imlil, dem Hauptdorf am Talschluss, passieren wir einen malerischen Eichenhain. Im Schatten der Bäume parken Dutzende Maulesel. Man kann sie zusammen mit *accompagnateurs*, staatlich lizenzierten Führern, für zweihundertfünfzig Dirham pro Tag mieten. Imlil ist der von Bergfexen aus Europa in immer größeren Scharen frequentierte Ausgangspunkt für Touren in den Toubkal-Nationalpark. Die örtlichen Trekkingveranstalter haben mehrtägige Rundwanderungen von Schutzhütte zu Schutzhütte im Programm. Ein Tal weiter, in Oukaimeden, finden Wintersportler ihr Eldorado mit komfortablen Hotels, Liften und präparierten Pisten. Der höchste Sessellift Afrikas befördert sie dort bis auf dreitausenddreihundert Meter. Oberhalb von Imlil kommen uns forschen Schrittes zwei Iren entgegen. Selbst in den entlegensten Gehöften, klagen sie, hätten sich die Kinder bereits das Betteln angewöhnt. Doch die Bergszenerie da oben sei grandios. Sie hätten Adler und Geier und Mufflons und Wildschweine erspäht. Die Gesichter der beiden Gipfelstürmer glühen hellrot. Nordländer unterschätzen gerne die Wirkung der marokkanischen Höhensonne. Immerhin befinden wir uns hier nur noch einunddreißig Breitengrade vom Äquator entfernt, und keine hundert Kilometer Luftlinie von den ersten Dünen der Sahara. Und der Djebel Toubkal, an dessen Fuß wir stehen, ist viertausendeinhundertfünfundsechzig Meter hoch. Höher als jeder andere Gipfel des Maghreb.

Wieder auf der Hauptroute: Hinter Asni wird das Tal enger, die Luft kühler. Tief unter uns gurgeln die Schmelzwasser des Oued Nfis. Noch im 19. Jahrhundert, als der Stamm der Goundafi von seinen mächtigen *kasbahs* zu beiden Seiten des Ufers aus dieses wichtige Durchgangstal kontrollierte, war der Hohe Atlas als »China des Westens« verrufen. »Ungläubige«, die in seine Täler vordrangen, spielten damals mit dem Leben. Achthundert Jahre früher hatte die Unerbittlichkeit der ansässigen Berber für kurze Zeit sogar den Lauf der Weltgeschichte beeinflusst.

Eine knappe Autostunde südwestlich von Asni, etwa dreißig Kilometer und mindestens hundert steile Serpentinen vor der Passhöhe des Tizi n' Test, erreichen wir das Epizentrum dieses damaligen politischen Bebens – das Dörfchen Tinmal. Auf diesem abgelegenen Flecken Erde gründete um das Jahr 1120 ein gewisser Ibn Toumart ein *ribat,* eine Klosterburg, um den Sturz der seiner religiösen Überzeugung nach allzu dekadenten und verweltlichten Dynastie der Almoraviden vorzubereiten. Mit dem Versprechen, den durch die Vermenschlichung des Gottesbegriffs und allerlei mystische Rituale beschmutzten Islam zu purifizieren, erklärte er sich zum *mahdi,* dem lang ersehnten letzten Propheten, scharte die Stämme der Gegend um sich, verschmolz sie zu einer streng hierarchisch geordneten Gemeinschaft und erklärte dem politischen Establishment den *dschihad,* den Heiligen Krieg. Unter seinem Nachfolger, Abd el Moumen, eroberten die *al muwahhidun,* die »Einheitsbekenner«, wie sich die kämpferischen Moralisten nunmehr nannten (woraus im Spanischen der Begriff Almohaden wurde) Marrakesch. Wenig später herrschten sie – freilich nur für ein Jahrhundert – über ein Reich, das Tunesien, Algerien, Marokko und das islamische Spanien umfasste. In Tinmal errichteten sie ihrem Gründer zu Ehren eine mächtige Moschee. Sie gilt als erstes Hauptwerk der almohadischen Baukunst, der in der Folge architektonische Meilensteine wie die Moscheen von

Marrakesch (die Koutoubia), von Rabat (mit dem Hassan-Turm) sowie von Sevilla (mit dem Giralda-Minarett) entspringen sollten. Auf einer Reise Anfang der neunziger Jahre, erinnern wir uns, sahen wir Tinmal noch als Ruine. Inzwischen wurde der Andachtsort unter Anleitung deutscher Experten aufwendig und tadellos renoviert und kündet in seiner Wehrhaftigkeit und schnörkellosen Strenge wieder von den ehernen Dogmen Ibn Toumarts.

In Hollywoods Heiligem Land

Von Agadir durch den Anti-Atlas nach Ouarzazate

Drei Tage lang haben wir getan, was alle nordischen Gäste im Spätwinter in Agadir tun – tagsüber den schier endlosen Sandstrand auf- und abwandern, im Liegestuhl sonnen, lesen, freundlich, aber bestimmt die Angebote der fliegenden Händler ausschlagen, kurz – er hat siebzehn Grad – im Atlantik schwimmen, abends fangfrischen Fisch schmausen, die von Discomusik beschallte Vergnügungsmeile entlangbummeln und dabei erfreut die Gepflegtheit des Straßenbildes und die relative Dezenz der Hotelarchitektur registrieren. Die vielen Werbeschilder für »Hackfleisch« und »Tässchen Kaffee plus Kuchen« hingegen übersehen wir geflissentlich. Am vierten Tag befällt uns jene Unruhe, zu der man an solchen Fluchtpunkten des Massentourismus naturgemäß neigt. Wir brechen aus. Richtung Südosten. Ins Gebirge.

Die erste Viertelstunde ist ernüchternd: Eingezwängt zwischen schweren Lastwagen und Überlandtaxis kriechen wir in einer Kolonne dahin. Die kurze Strecke zwischen Inezgane und Ait-Melloul gilt als die verkehrsreichste des Landes. Hier trifft die Fernstraße aus dem tiefen Süden, aus Tiznit, Tan Tan und Laayoune, auf jene, die das Landesinnere zwischen Sahara und Hohem Atlas mit der Küste verbindet. Zudem sind die beiden Orte mit ihren wüsten, uferlosen Neubausiedlungen von herzergreifender Hässlichkeit. Wenig später, nach einer Abzweigung, die Erlösung: Unser nunmehr schmales, kurvenreiches und kaum befahrenes Sträßchen führt hinein in eine Landschaft von speziellem Reiz. Ein Hochland von beinahe schottischer Weite, gesäumt von mächtigen Felswänden, in deren Schatten sich erdfarben und solcherart in perfekter Mimikry archaische Dörfer ducken. Viele Hänge sind bis in die steilsten Lagen terrassiert und mit Olivenbäumen bepflanzt. Auf zahlreichen Anhöhen thronen *agadire*, jene oft jahrhundertealten, für diese von Berbern bewohnte Gegend so charakteristischen Speicherburgen.

Zentrum der Region ist Tafraoute. Das Städtchen selbst, in einem Talkessel auf zwölfhundert Metern Seehöhe gelegen, erweist sich als nur mäßig reizvoll – ein netter, aber provinzieller Basar, Souvenirläden, auf einem Hügel ein schmuckes Hotel in Form einer Festung. Umso fantastischer ist die Umgebung: Bizarre, völlig vegetationslose Granitberge ragen in den ganzjährig wolkenlosen Himmel. Dazwischen Palmen-, Mandel- und Olivenhaine. Wahrzeichen der Gegend ist der Chapeau de Napoléon, eine Felsformation, die – eine Melange aus Monument Valley und Meteora ohne Kloster – tatsächlich entfernt an den Dreispitz des Kaisers aus Korsika erinnert. Westlich davon ist das Land übersät mit erratischen Blöcken – Wollsäcken aus Granit, die, von Wind und Wetter rund geschliffen, daliegen wie von Riesenhand ausgestreut. Wir folgen Reifenspuren querfeldein durch den Sand und finden hinter einer Hügelkuppe ein Rudel von

Felsen, die in knalligem Rosa und Blau getüncht sind. Jean Vérame, ein belgischer Maler, hat hier, angeblich mithilfe von zwanzig Tonnen Naturfarbe, Anfang der Achtziger seine ganz persönliche Variante von Land Art verwirklicht. Was in der Theorie reichlich manieriert klingt, entpuppt sich in natura als durchaus beeindruckend.

Die spannendste Szenerie hält allerdings das Tal der Ammeln bereit. Die Dörfer dieses zu den Shleuh-Berbern zählenden Stammes schmiegen sich an ein gewaltiges Felsmassiv, den über zweitausenddreihundert Meter hohen Dschebel Lekst. Dessen zerklüftete Wände schimmern, je nach Tageslicht, von hellem Ocker über Rot bis Violett. Zu ihren Füßen erstrecken sich ausgedehnte Palmenhaine. Kurz vor Oumesnat, dem Hauptdorf des Tales, weist ein handgemaltes Schild an der Straße den Weg zu einer »maison berbère typique«. Wir folgen unserer Neugier. Nach zehnminütigem Fußmarsch durch Felder und über steile Gassen heißt uns ein blinder Greis willkommen. Das Haus, in dessen schattigem Eingang er auf Besucher, darunter wohl auch so manche Busladung aus Agadir, wartet, ist drei Stock hoch. Die Mauern sind an der Basis aus Stein, darüber aus *pisé*, einer gestampften, mit fein gehäckseltem Maisstroh vermengten Lehmmasse, erbaut. Die Zwischendecken bestehen aus Palmwedeln und Arganenholz. Mit unverhohlener Routine beginnt der Alte seinen Rundgang: Das Parterre, zugleich Stall und Arbeitsraum, birgt drei Mühlsteine – »moulinex berbère«, wie er sie feixend nennt. Je einen für Getreide, für *henna*, Gewürze, Kaffee, und zur Gewinnung von Arganöl. Die unverdaulichen Kerne der Arganfrucht, erfahren wir, sammeln die Frauen aus dem Kot der Ziegen. Für einen Liter benötigen sie zweieinhalb Kilogramm. Die Arbeitszeit pro Liter beträgt vier Tage, der Preis hundert Dirham (neun Euro). In den beiden oberen Etagen bekommen wir allerlei altertümliches Alltagsgerät gezeigt – Fallen für Stachelschweine, Gazellen und Füchse, Öllampen, komplizierte, aus Holz geschnitzte Zapfenschlösser samt Schlüsseln mit hölzernen Bärten, handbestickte *babouches*, die aus Palmblättern geflochtenen Schlafmatten der Erwachsenen sowie Strohhaufen, die Schlafstätten der Kinder. An einer Wand hängt ein Zettel mit einer Reihe rätselhafter Schriftzeichen. Es sind die Buchstaben des Tifinar, des Alphabets der Tuareg. Die Tuareg sind die einzigen Berber, die ihre Sprache auch niederschreiben. Die unzähligen anderen berberophonen Dialekte werden ausschließlich mündlich tradiert. Heutzutage, bekundet unser Führer in klagendem Ton, lebten nur noch die Armen in solchen traditionellen Häusern, höchstens zwanzig Prozent der Dorfbevölkerung. Wer es sich leisten könne, baue sich drüben, am Ortsrand, ein modernes Haus aus Zement. Der überwiegende Teil der jungen Männer jedoch sei längst in die großen Städte gezogen.

Westlich von Tafraoute eröffnen sich uns weitere atemberaubende Panoramen. Das schönste genießen wir vom Col du Kerdous hinab auf die Küstenebene. Kurz danach zweigen wir links zur *zaouia* des Sidi Ahmed ou Moussa ab. Der Glaubenskämpfer und Mystiker, der im frühen 16. Jahrhundert lebte, ist eine zentrale Figur in der geistigen und politischen Geschichte Südmarokkos, und einer seiner höchst verehrten Heiligen. In seinem Wirken konzentrierte er sich auf den Widerstand gegen die vom Atlantik her vordringenden Portugiesen und auf die Missionierung im Sinne einer sufischen Erneuerung. Auch gründete er einen Orden der Schützen und Akrobaten. Sein Grabmal liegt, wie hierzulande bei charismatischen Führern üblich, inmitten eines großen Friedhofs. Es ähnelt jenen der Idrissiden in Fès und Moulay Idris: quadratischer Grundriss, ein grün, in der Farbe des Propheten, glasiertes Dach, im Inneren über dem mit grünem Tuch drapierten Sarkophag Kristallluster, schönes Stuckwerk, *zeliges*. Von den Dachbalken baumelt – ein Hinweis auf animistische Glaubensreste – eine Reihe von Straußeneiern. Die Grabwächterinnen erweisen sich schon rein äußerlich als besonders fromm: Nicht nur ist ihr *haik*, der traditionell farbenfrohe Umhang, schwarz. Sie tragen auch schwarze Kapuzen und Gesichtsschleier und drehen sich, wenn unser Blick sie nur zufällig streift, demonstrativ weg. Am Fuß der langen Treppe, die hinauf zu der *zaouia* führt, erstrecken sich mehrere große, von unzähligen Basarboxen gesäumte Marktplätze. Sie sind menschenleer, die Läden versperrt. Dreimal im Jahr, so erfahren wir, fänden hier zu Ehren des Meisters *moussems*, riesige Jahrmärkte, statt. Der Besuch des größten am Ende des Sommers gelte unter den mittellosen Bewohnern des Südens als Ersatz für eine Wallfahrt nach Mekka.

Bei Tiznit, dem traditionsreichen Handels- und Handwerkszentrum, erreichen wir wieder die Küstenstraße. Hätten wir Lust auf endlose Stunden im Auto inmitten einer ebenso endlosen Öde aus Salzpfannen, Sanddünen und Geröll, könnten wir von hier in der Direttissima fünfhundertfünfzig Kilometer weit südwärts bis nach Laayoune, der Hauptstadt der Provinz Westsahara fahren; und im wüstengängigen Geländewagen, ab Dakhla von Militär eskortiert, sogar noch tausend Kilometer weiter bis nach La Gouera, dem Grenzposten zu Mauretanien. Doch es gelingt uns, der Versuchung zu widerstehen. Wir wählen lieber den Weg zurück nach Agadir und von dort ostwärts auf die legendäre »Straße der Kasbahs«.

Ouarzazate, die Provinzhauptstadt, liegt auf jenem zwölfhundert Meter hohen Wüstenplateau, auf dem einander die Ost-West-Transversale von Er Rachidia nach Agadir und die Nord-Süd-Strecke zwischen Marrakesch und Zagora kreuzen. Eine erste Rundfahrt offenbart wenig Erbauliches. Das Gros der Stadt ist neuzeitlich, gesichtslos. Die Verwaltungsgebäude, Souvenirläden, Supermärkte und Tankstellen hat man entlang einer überdimensionierten Avenue, die, wie alle Hauptstraßen in Marokkos Städten, Mohammed V heißt, aufgereiht. Dahinter wuchern in loser Verbauung die üblichen Wohnsilos aus Beton. Vor knapp siebzig Jahren von den Franzosen als Garnison für ihre Fremdenlegion gegründet, fristete der Ort lange Zeit ein Dasein als kümmerliches Nest. Der große Aufschwung kam in den späten Siebzigern mit dem organisierten Tourismus. Seit damals nutzen die Reiseveranstalter Ouarzazate als Ausgangspunkt für Touren in die Wüste und ins Gebirge.

Südöstlich des sogenannten Ortskerns wurde ein weitläufiges Hotelviertel – ausschließlich Vier- und Fünf-Stern-Häuser mit insgesamt etlichen tausend Gästebetten – aus dem kargen Boden gestampft, dem man die Planung auf dem Reißbrett allzu deutlich anmerkt.

An der westlichen Ortsausfahrt erhebt sich aus der kahlen Ebene, hinter hohen Planken halb verborgen, eine fernöstliche Tempelanlage, komplett mit bunten Dachziegeln, drachenkopfverziertem First und leuchtend rot lackiertem Gebälk. Wir wollen das Rätsel lösen. Doch an der Toreinfahrt in das zur Gänze umzäunte Gelände werden wir rüde abgewimmelt. »No access!« So viel bekommen wir bei dem nun folgenden kurzen Wortgefecht heraus: Es handelt sich um Filmstudios, und bei den Tempeln um Relikte aus den mittleren neunziger Jahren, als Martin Scorsese hier »Kundun«, den Film über den Dalai Lama, drehte. Ab nun mutet uns die Landschaft in ihrer majestätischen Weite und mit ihrem plastischen Licht in der Tat recht tibetisch an. Später finden wir in der Lobby des Bel Air, des größten Hotels vor Ort, an einem Pinboard ein vergilbtes Papier mit Anweisungen für eine Filmcrew: Im Rahmen der Produktion »Davide«, lesen wir, stehe heute die Szene »David liest Psalmen« auf dem Drehplan. David und die Statisten – Urias Soldaten und »die Menge« – haben um sechs Uhr fünfzig am Set zu sein. Ein italienisches Team, erzählt uns der Mann an der Rezeption, habe in der Gegend mehrere Jahre für das US-Fernsehen eine Serie über das Alte Testament gedreht. Ouarzazate galt vor allem in den neunziger Jahren als »Hollywood des Maghreb«. Den Zettel habe man zur Erinnerung hängen gelassen.

Weshalb? »Hier fanden«, erzählt uns Jimmy Ahmed Abounoum, ein örtlicher Filmproduzent, abends beim Tee, »und finden zeitweise immer noch Regisseure und Ausstatter die archaische Architektur, die sie für viele Filme brauchen. Was ihnen Mühe und Kosten für mancherlei künstliche Kulissen erspart.« Außerdem herrsche hier fast durchwegs schönes Wetter. Regen sei in dieser Region ein großes Ausnahmeereignis. Die Hauptattraktion aber sei das fantastische Licht. »Die Luft«, schwärmt er, »ist von Sonnenaufgang bis -untergang absolut klar. Und das verleiht der Landschaft ihre brillanten Farben, diesen einzigartigen Ockerton in seinen unzähligen Facetten.« Der James-Bond-Streifen »The Living Daylights«, »Auf der Jagd nach dem Juwel vom Nil« mit Kathleen Turner und Michael Douglas oder Bernardo Bertoluccis Verfilmung von Paul Bowles' »Sheltering Sky«, zu Deutsch »Himmel über der Wüste« ... Großprojekte wie diese hätten Ouarzazate in den achtziger Jahren die große Expansion gebracht. Für »Kundun«, erinnert sich Jimmy, habe einer seiner Jobs darin bestanden, nach Marokkanern zu suchen, die wie Tibeter aussahen. Denn Spezialagenturen seien, mit Ausnahme einer sündteuren, in Marokko bislang unbekannt. Für die üblichen Filme mit biblischen Themen semitisch aussehende Statisten zu finden, sei nie wirklich ein Problem. Aber diesmal ... »Es war nicht leicht, doch ich wurde fündig. Denn um 1950, gegen Ende des französischen Protektorats in Indochina, kämpften dort auch viele Marokkaner. Als Paris aber unseren Mohammed V. nach Madagaskar verbannte, desertierten sie und wechselten zu den Vietkong über.« Etliche von ihnen hätten Vietnamesinnen geheiratet und seien 1972 mit Frau und Kindern in ihre Heimat zurückgekehrt. Die Mehrzahl eröffnete hier vietnamesische Restaurants. »Das waren meine Leute.«

Die Kulisse für die meisten biblischen Szenen bildet, am Ortsrand an der Straße in das Dades-Tal, die *kasbah* von Taourirt. Sie war Sitz eines Vertreters der Glaoua, jenes Berberclans, der in der Protektoratszeit durch Kollaboration mit den Franzosen zu sagenhaftem Einfluss und Reichtum gelangt war, 1956 aber mit der Unabhängigkeit in Ungnade fiel und seine Ehre sowie sämtliche Privilegien verlor. Taourirt gilt als eine der größten und schönsten Berberburgen. Der mächtige Wehrkomplex mit seinem Geflecht aus Gassen und Höfen, den vielfach ineinander verschachtelten Wohneinheiten und Nutzräumen, beherbergte ursprünglich weit über tausend Menschen – die Mitglieder eines gesamten Stammes, darunter in einem eigenen Viertel auch zahlreiche Juden. Heute ist nur mehr ein kleiner Teil der mittlerweile aufwendig restaurierten Anlage bewohnt. Die Räume der Residenz, darunter der Betsaal, die Haremszimmer und der Speisesaal, sind als Museum zu besichtigen.

In einem anderen Trakt hat das »Zentrum zur Erhaltung und Sanierung des architektonischen Erbes im südlichen Marokko« sein Büro. »Der dramatische Niedergang der meisten *kasbahs* hat komplexe soziale Gründe«, erklärt uns dessen Leiter, der Soziologe Ait el Kaid M'barek, selbst Nachfahre eines *kaid*, einer Art Provinzgouverneur, aus dem nahen Draa-Tal. »Diese Anlagen haben ihre ursprünglichen Funktionen, in denen sie den europäischen Ritterburgen des Mittelalters glichen, in mehrfacher Hinsicht verloren: Als Flucht- und Speicherburgen haben sie ausgedient, seit Marokko ein zentralistisch geführter Nationalstaat ist und die sesshaften Stämme sich nicht mehr selbst vor Überfällen durch verfehdete Nachbarstämme oder Nomaden aus der nahen Wüste wehren müssen. Als Behausungen für ganze Sippen werden sie immer weniger gebraucht, seit deren sozialer Zusammenhalt sich zusehends auflöst und das individuelle Wohnen in kleineren Häusern gefragt ist.« Dazu komme der bauliche Verfall, weil vielerorts die Männer zum Arbeiten in die Städte gingen und die daheimgebliebenen Frauen und Alten nach den seltenen, aber heftigen Regengüssen nicht mehr die Schäden an den witterungsanfälligen Mauern aus *pisé* beheben könnten. Um dem Trend gegenzusteuern, subventioniert Rabat neuerdings zumindest die Sanierungsarbeiten an einigen *kasbahs*.

Ein in seiner Gesamtheit noch imposanteres Beispiel für diese archaische Lehmarchitektur, die abgesehen von Südmarokko heute nur noch – in verwandter Form – im Jemen zu finden ist, bietet die Kasbah Ait Benhaddou. Unweit der Hauptstraße Richtung Tizi n'Tichka und Marrakesch hoch über einem von Palmen gesäumten Flusslauf an steilem Berghang errichtet, gibt sie ein Bilderbuchmotiv für jeden Fotografen ab. Aus dem Gewirr der rostroten Mauern und Hauswürfel ragen nicht weniger als sechs *tighremts,* wie die viertürmigen, reich ornamentierten und uneinnehmbaren, weil so gut wie fensterlosen Gemeinschaftsspeicher heißen, heraus. Kein Wunder, dass auch dieser Ort des Öfteren – unter anderem 1961 für Robert Aldrichs und Sergio Leones »Sodom und Gomorrha« – als Filmkulisse herhalten musste. Doch der Eindruck aus der Ferne trügt: In Ait Benhaddou leben nur noch eine Handvoll Familien. Viele Dächer sind eingestürzt, Decken morsch, Gassen verschüttet, und ganze Gebäude zusammengebrochen. Zwar hat die UNESCO das Ensemble vor Längerem schon in ihre Liste der schützenswerten Weltkulturgüter aufgenommen und einzelne Teile restauriert. Doch eine umfassende Rettungsaktion lässt noch auf sich warten.

Zweiundfünfzig Tage bis Timbuktu

Auf der Straße der Kasbahs Richtung Sahara

Die »Straße der Kasbahs« spaltet sich bei Ouarzazate in zwei Stränge: Der eine führt den Oberlauf des Flusses Draa entlang nach Südosten, Richtung Sahara. Der andere folgt dem Dades ostwärts bis Boumalne und weiter über Tinerhir und Goulmima bis Er Rachidia. Wir folgen zuerst dem Ruf der Wüste, überqueren einen schrundigen, völlig vegetationslosen Pass und rollen hinab in eine Traumkulisse. Das Tal des Draa ist der Archetypus einer Flussoase. Zweihundert Kilometer lang windet sie sich durch einen breiten Cañon, gesäumt von unzähligen Feldern und Dörfern, *kasbahs* und Heiligengräbern sowie Hunderttausenden Dattelpalmen. Es ist erst März, aber der Fahrtwind gleicht jetzt bereits dem Gebläse aus einem Haarfön. Im Hochsommer klettert das Quecksilber hier auf fast fünfzig Grad.

Kultureller Höhepunkt in diesem Landstrich am Rande der Zeit ist der von mächtigen, zinnengekrönten Mauern umgebene Ort Tamegroute. Dort liegt der Gründer einer der angesehensten Bruderschaften des Südens, des Nassiriya-Ordens, begraben. Seinem Mausoleum angeschlossen ist eine Bibliothek mit über viertausend mittelalterlichen Handschriften – Texten zur Geschichte und Astronomie, Medizin und Mathematik, aber auch Hadithe und Korane. Glanzstück der Sammlung, die übrigens jedermann zur Besichtigung offen steht, ist ein Koran auf Gazellenhaut aus dem späten 11. Jahrhundert. Das südliche Ende dieses Traumes von einem Tal enttäuscht. Keine haushohen Dünenwellen branden dort, wo der Draa im Wüstenboden versickert, mit der erhofften Dramatik gegen die Gestade der bewohnten Welt. Vielmehr verebbt die Sahara als öde, steinübersäte Ebene. Mhamid, der letzte Außenposten der Zivilisation, versprüht den typischen Charme einer frontier town. Eine Moschee, ein Café, eine *station d'essence*, zwei, drei Läden, darunter eine Fleischerei, vor deren Portal eine gehäutete und ausgeweidete Ziege an einem Haken baumelnd in der Sonne schillert, und eine Ansammlung ebenerdiger Betonkuben – die Behausungen der sesshaft gewordenen Nomaden. Der Wüstenwind wirbelt Staubfahnen durch die Gassen. In windgeschützten Winkeln kauern Köter, blinzeln, gähnen. Hinter dem Dorf lauern mehrere Panzer. Ihre Kanonen sind, halb erigiert, Richtung Süden gerichtet. Gegen das feindliche Nichts. »Msjö, Msjö, un bonbon, pour moi, un bonbon, msjö ...!« Plötzlich umringt eine kreischende Kinderschar unseren Wagen. Nach Mhamid kommen vergleichsweise selten Touristen. Fünfzig Kilometer weiter nördlich, in Zagora, dem Hauptort des Draa-Tales, wo die asphaltierte Straße endet, steht der berühmte Wegweiser für die Karawaniers. »52 Tage nach Timbuktu« ist darauf in krakeligen Lettern geschrieben, und darüber liebenswert naiv eine Kolonne von Kamelen gemalt.

Tags darauf folgen wir von Ouarzazate aus dem Dades Richtung Osten. Auch diese Landschaft ist von biblischer Qualität. Links die Felsmauern des Hohen Atlas, rechts die des Dschebel Sarhro. Ihnen zu Füßen eine ganze Kette gewaltiger *kasbahs*. Das alte Kanaan, die Zeiten Sumers und Assurs – in diesen Bildern scheinen sie wieder aufzuerstehen. Am Talgrund schlängelt sich als dünne Lebensader der Fluss. An seinem Ufer sind – kleine Wohltaten für das Auge inmitten dieses Kosmos aus staubigem Gelb und Ocker und Braun – leuchtend grüne und goldgelbe Teppiche hingebreitet: schrebergartengroße Felder, auf denen die Dorfbewohner dem kargen Boden Karotten, Kartoffeln, Weizen, Gerste und Zwiebeln für den Eigenbedarf abtrotzen. Im Februar, wenn die Nuss-, Granatapfel- und Mandelbäume an ihren Rändern blühen, tragen die Teppiche Bordüren aus zartem Pastellrosa.

Während der Protektoratszeit haben die Franzosen das besetzte Gebiet, was seine Agrarstruktur betraf, in ein »Maroc utile« und ein »Maroc inutile« gegliedert. Der nutzbare Teil, das waren die fruchtbaren Ebenen in Atlantiknähe, deren Äcker sie großflächig und maschinell bestellten. Der unnütze, das war der Rest, vor allem das steinige Land jenseits des Atlas. Dieses wurde bei der Modernisierung ausgespart. Immer wieder sehen wir Grüppchen von Frauen, wie sie mit gebeugten Rücken händisch das reife Getreide schneiden. Hier zieht ein Dromedar mit einem Holzpflug Furchen in ein Feld. Dort hütet ein Mann eine einzelne Kuh. Hinter einer der wenigen Kurven haben wir scharf zu bremsen: Eine Herde von Schafen und Ziegen quert seelenruhig die Straße. Nicht einmal jeder zweite marokkanische Bauer besitzt ein Stück eigenen Acker.

Bleibenden Eindruck hinterlassen, wie in allen entlegenen Gegenden des Orients, die alten Männer und Frauen, die, ein Bündel oder eine Tasche neben sich, reglos und mit unerschütterlichem Gleichmut am Straßenrand hocken. Warten sie auf einen Bus? Auf ein Sammeltaxi? Oder sind sie einfach nur da?

Wir werden es nie erfahren.

Stellenweise weiten sich die schmalen Flussoasen zu ausgedehnten Palmenwäldern und akkurat terrassierten Obst- und Gemüsegärten. Bei Skoura zum Beispiel oder Kelaa des Mgouna. Auf diesem Streckenabschnitt dringen immer wieder Wolken des plüschig-schweren Dufts von Heckenrosen durch das geöffnete Fenster in den Wagen. Die Region ist berühmt für die Zucht von Rosen und den aus ihren Blüten gewonnenen Extrakt. Als wir im Hotel von Kelaa des Mgouna einchecken, besprengt uns der Rezeptionist reichlich mit dem aromatischen Wasser. Es ist Anfang Mai und der Brauch verlangt, die neue Ernte auf diese feuchtfröhliche Art zu feiern. Allein in Kelaa werden pro Saison fünftausend Tonnen Blüten destilliert.

Am nächsten Morgen, in Boumalne, kommen wir gerade rechtzeitig zum Wochenmarkt. Auf dem offenen, von Arkaden begrenzten Marktplatz herrscht Kommerzgetümmel. Etliche Händler haben über sich und ihre Waren Zelte gespannt, andere ihre Stände bloß dadurch markiert, dass sie Tücher vor sich auf den Boden breiteten. Frisches Obst und Gemüse stapelt sich neben Bündeln duftender Minze und Olivenfässern. Nein, aufgrund mangelnder Versorgung muss in diesem Land niemand Hunger leiden! Vor dem Hufschmied stehen mehrere Bauern mit ihren Maultieren angestellt. Alle zwei bis drei Monate müssen sie von ihm die Beschläge der Tiere erneuern lassen. In unmittelbarer Nachbarschaft betreibt der Schuhmacher seine ambulante Werkstatt. Neben sich einen hohen Stapel abgefahrener Reifen, schneidet er aus dem Gummi Sohlen für Sandalen. Das Gros der Basarkunden sind Frauen – vorwiegend Berberinnen mit selbstbewussten, offenen Gesichtern, aber auch tief verschleierte Araberinnen.

Von Boumalne aus erreicht man nach kurzer Fahrt den Eingang in eine der spektakulärsten Schluchten des Landes. Der Dades hat sich hier in den Südhang des Atlas gefräst. Nimmt man ein mehrere Stunden langes Geholper über extrem löchrige Pisten in Kauf, kann man sich – niederschlagsfreies Wetter vorausgesetzt – im Schritttempo über steile Serpentinen von hier bis nach Imilchil hochschrauben. Dieses Dorf ist weithin berühmt für den *moussem*, den der Stamm der Ait Hadiddou dort alljährlich im September zu veranstalten pflegt, weil in dessen Rahmen nach archaischer Sitte Mädchen im heiratsfähigen Alter, aufwendig (und überaus fotogen) herausgeputzt, feilgeboten werden.

In der Nähe von Tinerhir, wo die zweite berühmte Schlucht der Region, jene des Todrha, aus den Bergen tritt, kommt uns ein Mann auf einem Mountainbike entgegen. Er ist hellhäutig, steckt in einem hautengen, knallbunten Trikot und tritt mit äußerster Verve in die Pedale. Er schwitzt. Offensichtlich ein Europäer. Der Hohe Atlas besitzt zehn

Viertausender und mehr als vierhundert Dreitausender. Sie auf die eine oder andere Art zu erobern, ist in den letzten Jahren unter Abenteuertouristen in Mode gekommen. Schon bieten die einschlägigen Veranstalter nicht nur Trekking zu Fuß oder auf Skiern an, sondern auch Kletter-, Kanu- und Mountainbike-Touren. Das Unbehagen ob des Eindringens der vergnügungssüchtigen Fremden in das fragile örtliche Öko- und Sozialsystem liegt auf der Hand. Andrerseits: Mehrere hundert junge Berber haben an der Tourismushochschule bereits ein Diplom als Bergbegleiter erworben und können nun in ihrer Heimat Geld verdienen. So wird die fatale Landflucht zumindest ein wenig gebremst.

Da uns Er Rachidia, seiner Bedeutung als administratives Zentrum zum Trotz, nicht wirklich interessiert, zweigen wir bei Tinejdad von der Hauptstraße ab und steuern unser auf dieser Reise letztes Ziel direkt an. Das Tafilalet gilt als größtes zusammenhängendes Oasengebiet des Landes. Sein riesiger Palmenwald und die ausgedehnten Felder werden Dutzende von Kilometern weit von Ziz und Rheris, zwei parallel verlaufenden Flüssen, bewässert. Weshalb die Region auch »Mesopotamien Marokkos« genannt wird. Hier gedeiht, neben Gemüse, Getreide, Baumwolle und Tabak, auch großflächig jener Strauch, aus dessen Blättern man das von den Damen des Landes mit Vorliebe auf Hände, Füße und Gesicht applizierte *henna* herstellt. Hier, im äußersten Südosten, brachen im 17. Jahrhundert die Alaouiten, die ursprünglich aus Arabien stammenden Vorfahren des heutigen Königs, zur Eroberung des bis dahin saadischen Reiches auf. Von Sijilmassa, dem legendären Knotenpunkt des Transsahara-Handels, der zu seiner Glanzzeit zwischen dem 11. und dem 15. Jahrhundert hunderttausend Einwohner gezählt und mehrere hundert *ksour*, befestigte Dörfer, umfasst haben soll, finden wir nur mehr ein paar kümmerliche Lehmruinen.

Immer wieder strecken uns Jungen am Straßenrand Edelsteindrusen entgegen. »Amethyst, Pyrit, Manganit …«, radebrechen sie, wenn wir anhalten, um die in grellem Grün, Rot und Violett funkelnden Waren zu begutachten. Gutgläubige Freunde haben uns erzählt, dass sie unter dem Wasserhahn ihre verführerischen Farben rasch verlieren.

Wir dringen über Erfoud und Rissani und ab da auf miserabler Sand- und Schotterpiste zum Erg Chebbi vor. Hier endlich begegnen wir der Sahara in jener Form, die der romantischen Vorstellung von Nordländern entspricht. Dünen türmen sich vor uns auf, bis zu hundert Meter hoch und mit kurvigen Kämmen von geradezu erotischer Perfektion. Wer will, kann hier im geliehenen Landrover über die Hänge brausen und auf lethargischen Dromedaren Proberitte unternehmen. Wir jedoch begnügen uns mit dem ewig gleichen, ewig grandiosen Schauspiel des Sonnenunter- und Sternenaufgangs. Djesirat el Maghreb – »Insel des Westens« – werden in der arabischen Literatur Marokko, Algerien und Tunesien genannt. Von den drei Meeren, die diese Insel umschließen, übt auf mich jenes, an dessen Ufer wir hier stehen, die mit Abstand größte Faszination aus.